人生は いつだって 自問自答

薬師寺
大谷徹奘

小学館

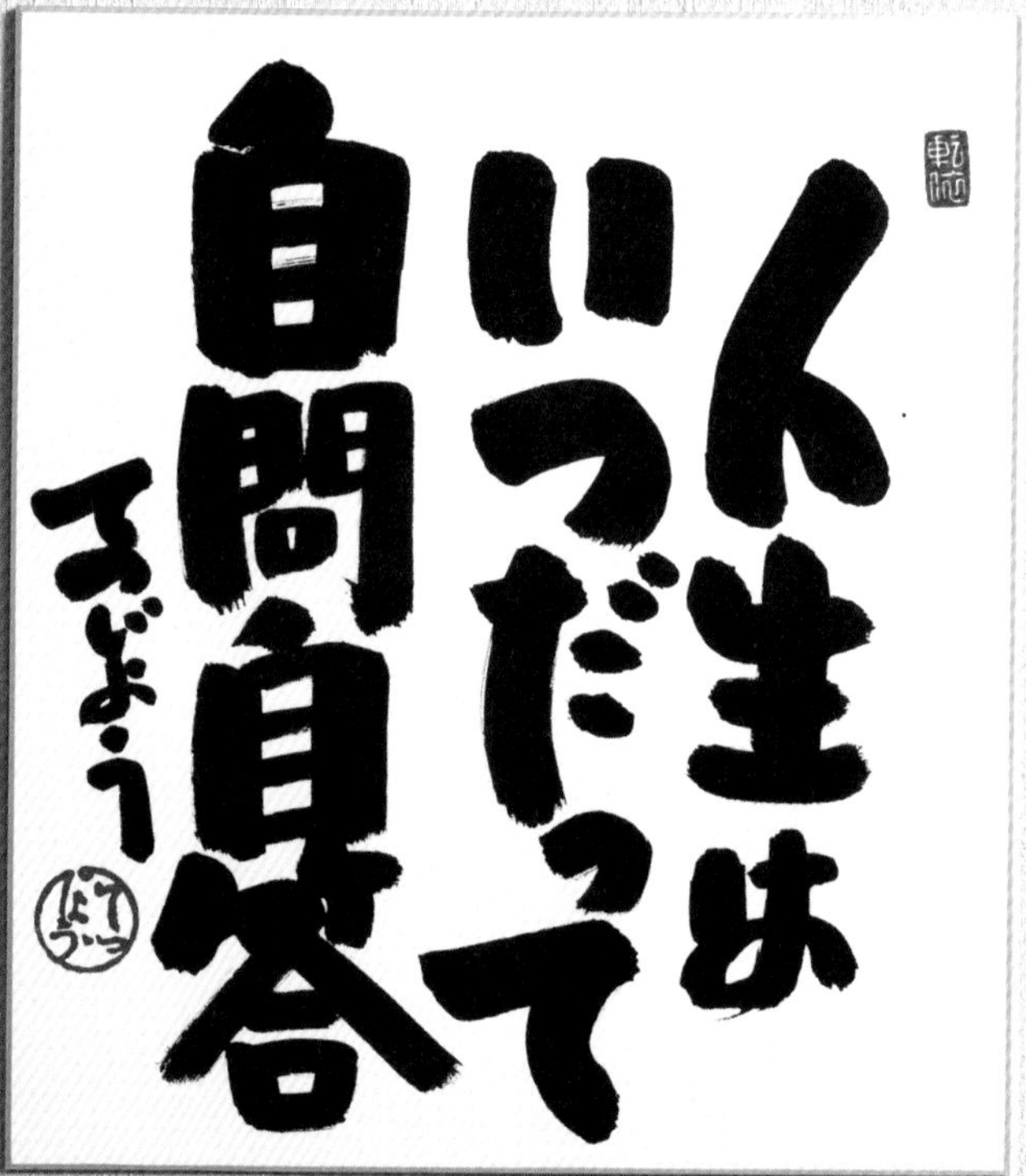
人生は
いつだって
自問自答
ふじよう

目次

序に変えて

令和四年夏、二十八歳の青年から『徹奘《てつじょう》さんの書かれている言葉を見ると、腹が立ちます』と唐突に言われました。お世話になっている方の息子さんではありましたが、彼とは深い知己が無かったので真意が見えません。そこで『なんで』と尋ねると、『徹奘さんには「なぐさめの言葉」が無いからです』と言われました。

その晩、自分の発表した全ての言葉を読み返してみました。すると彼の言う通り「なぐさめの言葉」と受け止められるものは、ひとつもありませんでした。

なぜ自分には「なぐさめの言葉」が無いのだろうかと、自問自答して気が付きました。それは私が欲していないからでした。

わがままな私にとって修行生活は、もの凄く苦しいものでした。思い通りにならない日々に心が折れ、寺を逃げようと企てたことは数知れず。生きていることにすら恨めしさを感じていました。その頃の私は誰よりも「なぐさめの言葉」を渇望して彷徨《さまよ》っていました。特に私が欲しかったのは、お釈迦さまからの「なぐさめの言葉」でした。

そこで、お釈迦さまの言葉に一番近いと言われる『法句経』に求めましたが、どこにも見当たらず、あったのは「忠告の言葉」と「激励の言葉」ばかりでした。

思い返せばその時に、お釈迦さまの教えにないものを求めても仕方がないと、「なぐさめの言葉」を求めない自分を萌芽させたのだと思います。

過日、私の言葉が大好きだと言ってくれている人に、『この前から「なぐさめの言葉」を作ってみようと努力したんだけど、できなかったんだ』と伝えると、『徹奘さんがそんな言葉を書いたら、徹奘さんじゃなくなるから、ファンやめますよ』と、あっさり言われ、妙な自信と安心を得ました。

「忠告の言葉」、「激励の言葉」こそが「真のなぐさめの言葉」であると、私は信じています。

本書を手に取ってくださった読者の皆様に対して、私の言葉が少しでもお役に立てることを、心から願っています。

合　掌

令和五年一月一日　かぞえで還暦を迎えた日に

大谷徹奘

第一章

追い込まれた自分への三十一の言葉

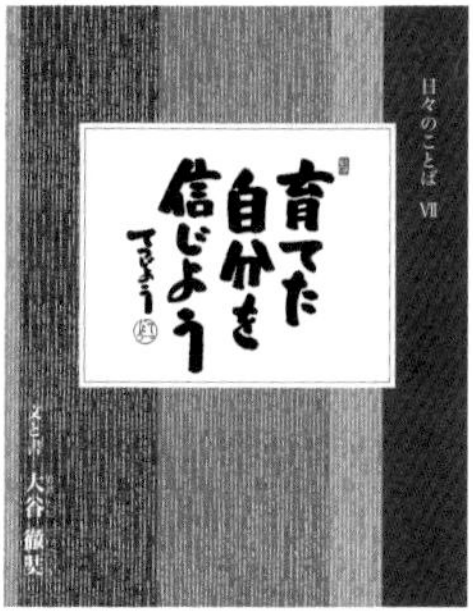

令和4年1月1日刊

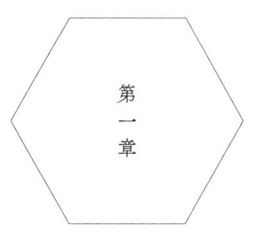

令和四年一月一日に刊行した、『日々のことば（第七集）・育てた自分を信じよう』は、コロナ禍によって世の中の人々が急激な生活環境の変化についていけず右往左往している中、今こそ僧侶として活動をしなくてはならないと、毎週金曜日の午後三時に配信しはじめたメールマガジン「メールde法話会」において、三十一週間連続で新たに発表した言葉を一冊にまとめたものです。

刊行した『日々のことば』そのものには解説は付されていません。ここでは拙い墨書と、その言葉への思いを併記しました。

合掌

新型コロナウイルス感染症によって、私たちの生活は瞬時に一変しました。私自身、三密になることから法話を勧めることができなくなったのです。

そこで密にならない新しい形の法話に挑戦しようとした時、「下手と言われたらどうしよう」という思いに惑わされそうになりました。

怖がる自分を鼓舞するために書いたのが、この言葉です。

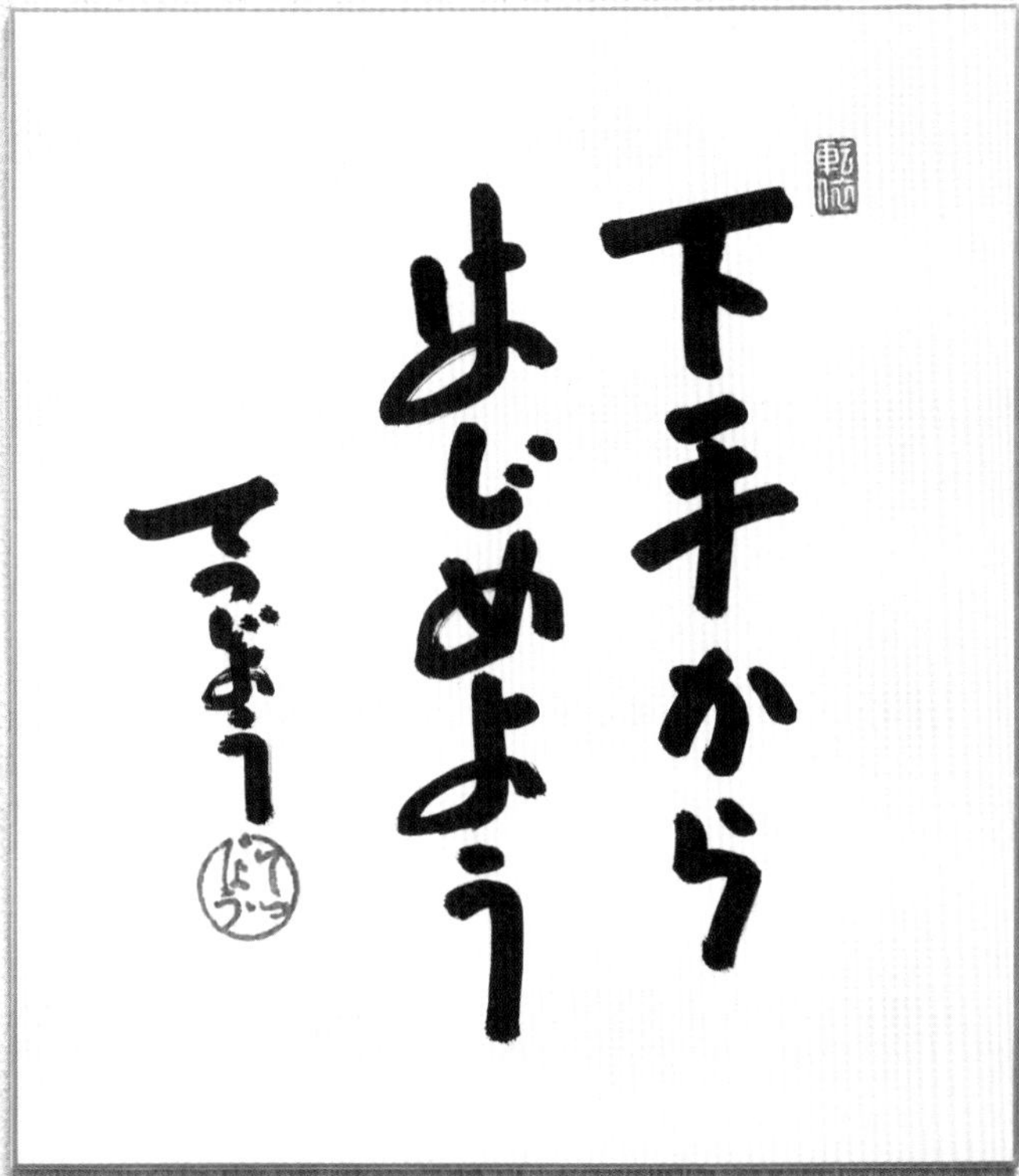
下手からはじめよう

凸凹《でこぼこ》は、図形にも見えるなんとも不思議な文字です。土の盛り上がりを表す「凸」と窪《くぼ》んでいることを表す「凹」。合わせてデコボコ。そこから連想されるのがデコボコ道。正に私たちが歩く人生の道です。

平らな道が望ましいのですが、日々なんらかのデコボコがあるのが人生。そこで凸凹という文字の中に、人生と書き入れてみました。ちなみに、凸凹の順序を変えた凹凸は、オウトツとよみます。知っていましたよね。

人生は良いことばかりではありません。病気、事故、災害、そして仕事や人間関係のトラブルなどが不意に襲って来ます。苦境に立たされれば、心は大きく揺れるもの。それを少しでも早く落ち着かせる言葉を造り、心の中に記しておきたいと思案していました。

そんな中、使用していたボールペンが壊れ、小さなバネが弾け出てきました。それを目にした時に「バネは押されて力を発揮する」という当たり前のことが今更に腑に落ち、そこから今回の言葉が生まれました。

バネは押されて
力をためる
人はもまれて
力をつける

てつどう

人生とは自分育て。これだけは誰も代わってくれません。夢をもち、目標を立て、それに向かって、苦しくても、辛くても、逃げたくなっても、精進努力を重ねる。その日々の修練の繰り返しと積み重ねが、自分を育てていくのです。

成果が求められれば誰しも不安はつのるもの。その時にこそ、懸命になって育ててきた自分を信じ、「お前なら大丈夫」と鼓舞することが大切です。

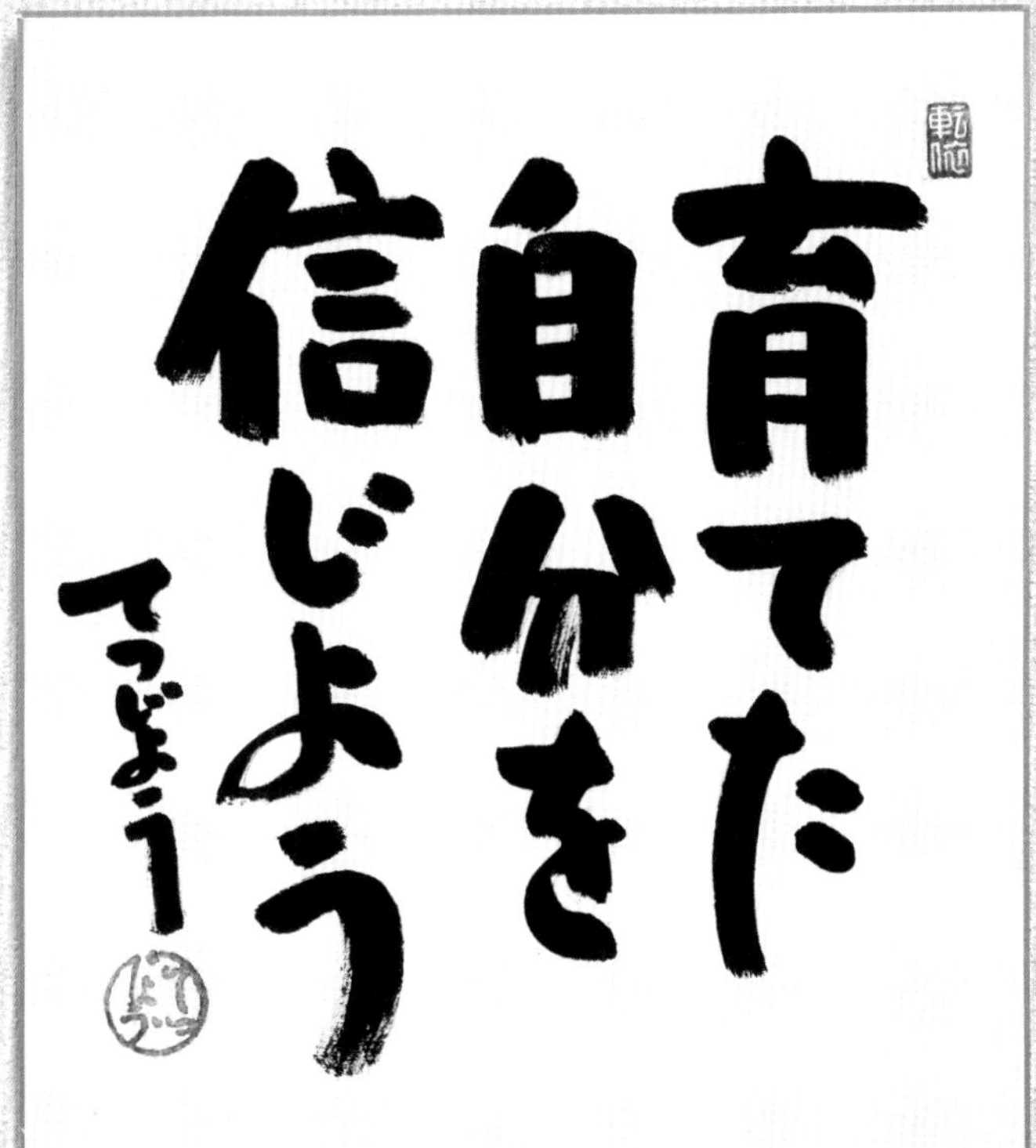
育てた
自分を
信じよう
てつじょう

「しつけ」と「おしつけ」の境界線は、受け止め方によります。若かりし頃「なんでお前の価値観だけをおしつけてくるんだ」と反発したことがあります。しかし、今ではそのことに対して「嫌われるのも厭《いと》わずに教え（しつけ）て下さったのだなぁ」と、感謝の念ばかり。

このように教育には受け止める側に比重がありますが、素直に受け止めてもらうためには、教える側が「おしつけにならないように」と確認しながら、相手の成長を願って向き合うことが大切だと思います。

しつけと
おしつけ
「お」がつく
だけで
おおちがい
てつじょう

「ここで焦りは禁物」という場面があります。しかし、その時に「焦るなよ」と自分に言い聞かせた途端、かえって焦りが倍増。なんとか平静を取り戻そうと、「落ち着け、落ち着け」と思えば思うほどに、焦りの渦が広がります。

そして出てくるのは冷や汗。「何を焦っていたんだろう」と、自分の未熟さに呆れます。いつの日にか「焦らない自分」になりたいと、焦っている私です。

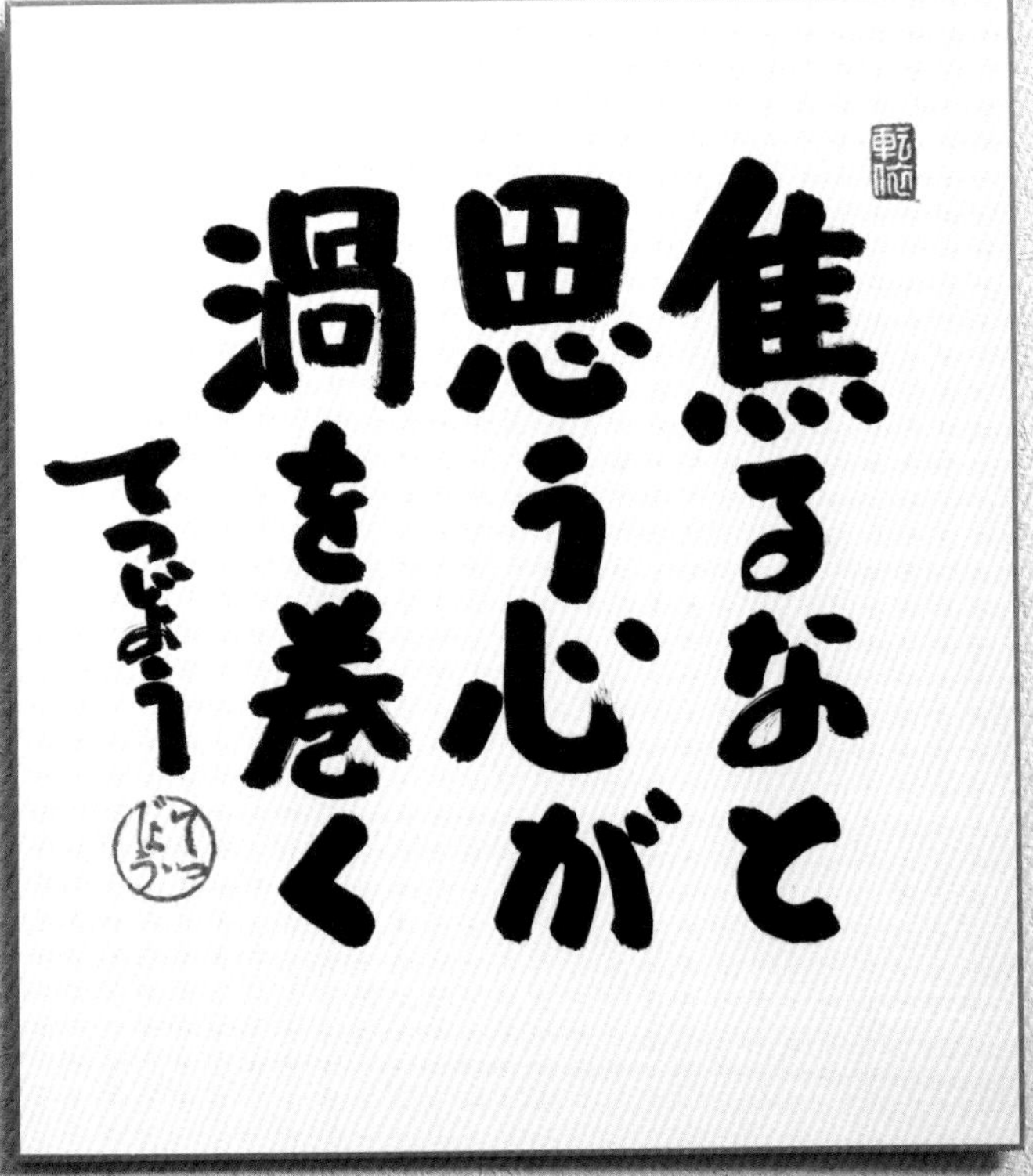
焦るなと
思う心が
渦を巻く
てつじょう

一般的に「よそみ」は「余所見」と書きますが、徹奘流では「他所見」と書きます。

若い頃、法要中に参拝者が気になりキョロキョロしていた私は、師匠・高田好胤和上から「法要に専念しきれていないから、他所《よそ》が気になるのだ」と、厳しい口調で諭されたことがあったからです。

今でも大切な場面で他所見をしそうな時がありま す。その時に「もっと心をそそげ」と自分に言い聞かせるために、この言葉を記しました。

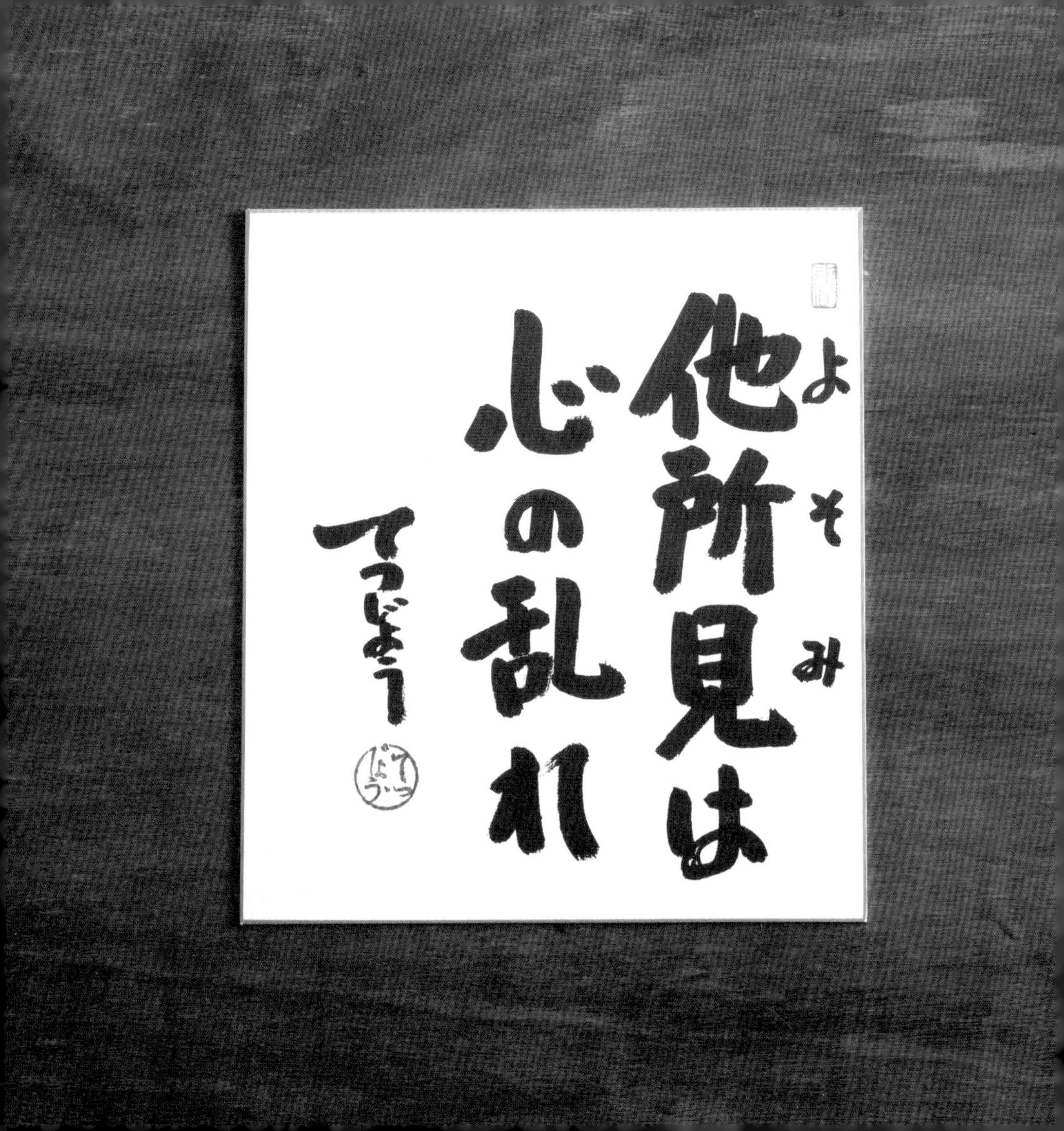
他所見《よそみ》は
心の乱れ
てつじょう

小さい時「人生ゲーム」が大好きでした。小さな車に自分を表すピンを差した途端、ハンドルを切るようにルーレットを回しました。一喜一憂しながら道を進み、散々な結果が出た時には悔し涙を流したことすらありました。

ゲームならやり直せますが、実際の人生はそうはいきません。アクセルか、ブレーキかの判断を間違えば大事故になります。夢を成就させるためには、車を運転するように、細心の注意を払わなくてはなりません。

夢に向かう車
アクセルも自分
ブレーキも自分
てつじょう

百文字ほどの漢文を読むことになりました。短文だからとあなどる間に締切日。慌てて取り組むも、その難解さに思わず汗。辞書を片手にちょっとずつ読み進め、なんとか終わりまで到達するも意味が通じず更に大汗。ちょっとずつ訂正を加えてやっと解読。思わず〝やった〟と声が出ました。

その反面、ちょっとでも早くから手をつけていれば、こんなに苦しまずに済んだのにと反省しきり。「ちょっと」の怖さと凄さが、身に沁《し》みました。

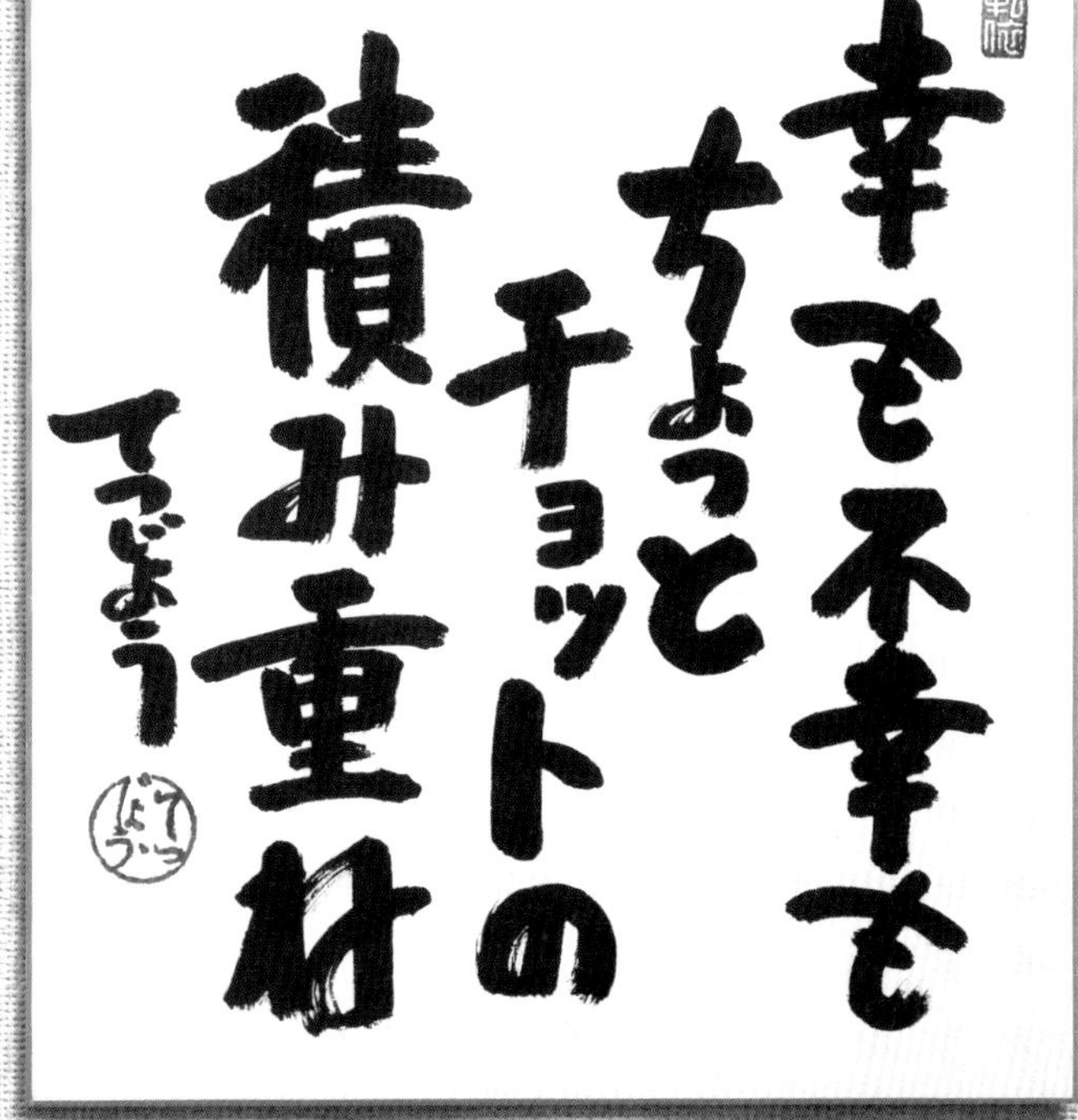
幸も不幸も
ちょっと
チョットの
積み重ね
てつじょう

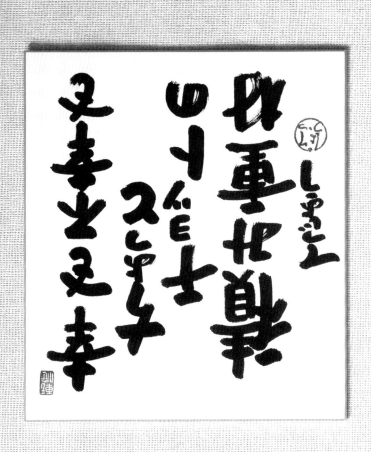

苦しいと感じるのも、楽しいと感じるのも、自分の価値観。私たちは苦しい場面に出合うと、なんとか自分の価値観だけで解決しようとしてしまいます。

でもよく考えてください。自分の価値観で解決できないから苦しいのに、自分だけで解決しようとするのが大間違い。大切なことは自分の持っていない価値観を取り入れて、角度を変えて苦しみに対処する事。だから苦しい時こそ正直に自分を曝《さら》け出して、相談することが大切なのです。

苦しい時こそ
相談しよう
てつじょう

　エジソンは実験に失敗した時「これではダメだ、ということがわかった成功である」と言ったそうです。私はこの言葉が大好きで、新しいことに挑戦したり、過去に失敗したことに再挑戦する時の心の支えにしています。

「失敗が怖い」という人によく出会います。その時に「失敗が悪いものだと書いてある辞書はありませんよ。エジソンのように観点を変えて、失敗を怖れず一歩前へ踏み出せば、必ず道は拓けます」と伝えています。

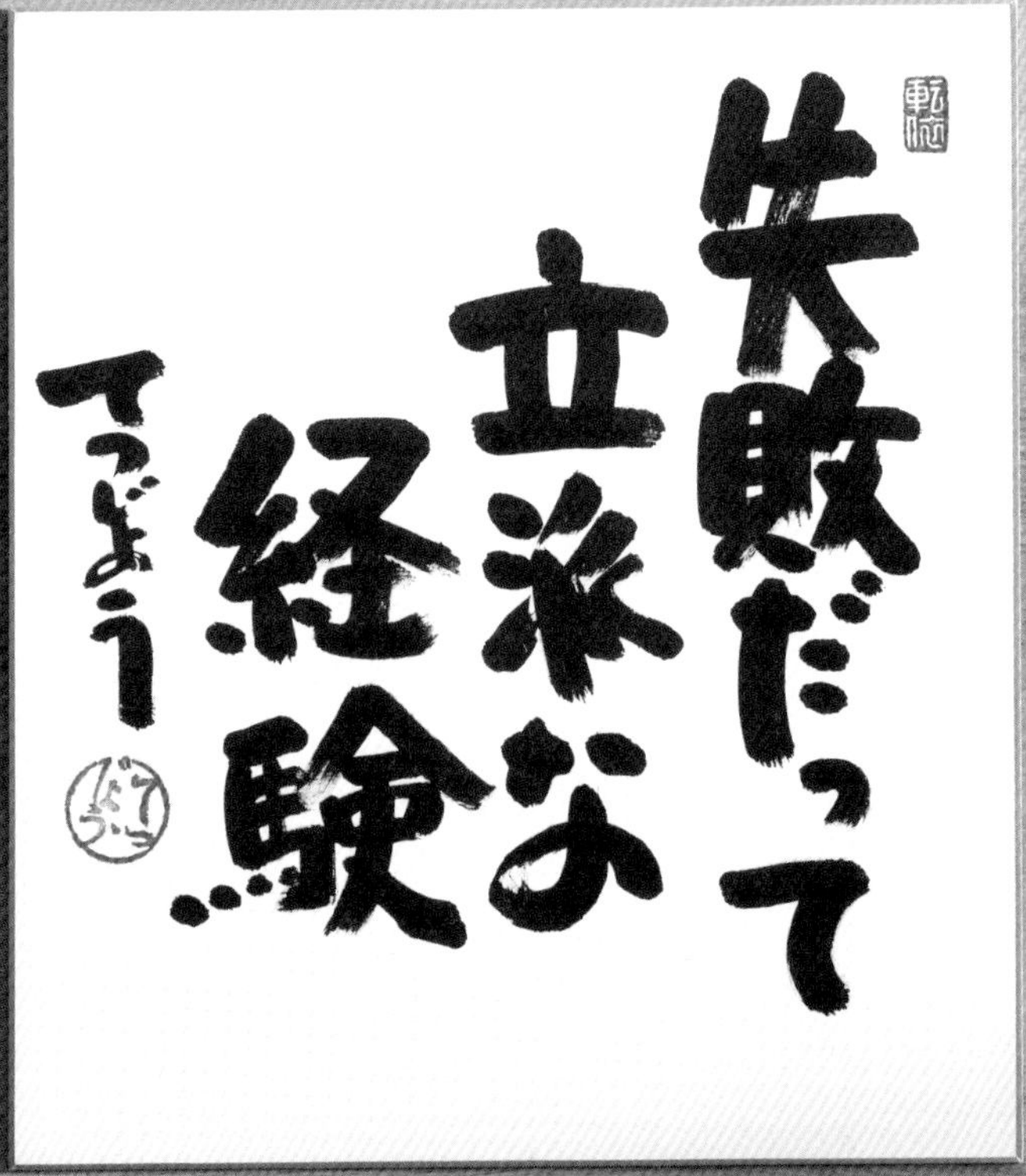

失敗だって
立派な
経験…
てつよう

「十円玉はどんな形」の質問に、ほとんどの人は自信を持って「まる」と答えます。その時に「正解です。」でも自動販売機の小銭の投入口はどんな形」と重ねて質問すると、「あっ、長四角」と気づかれ、顔が明るくなります。

時に私たちは自分の持つ知識が邪魔をして、知らぬ間に視野を狭くしています。実はこれが苦しみの元。だからこそ常に「答えはひとつじゃない」と、柔軟な発想をする訓練を怠らぬようにすることが大切なのです。

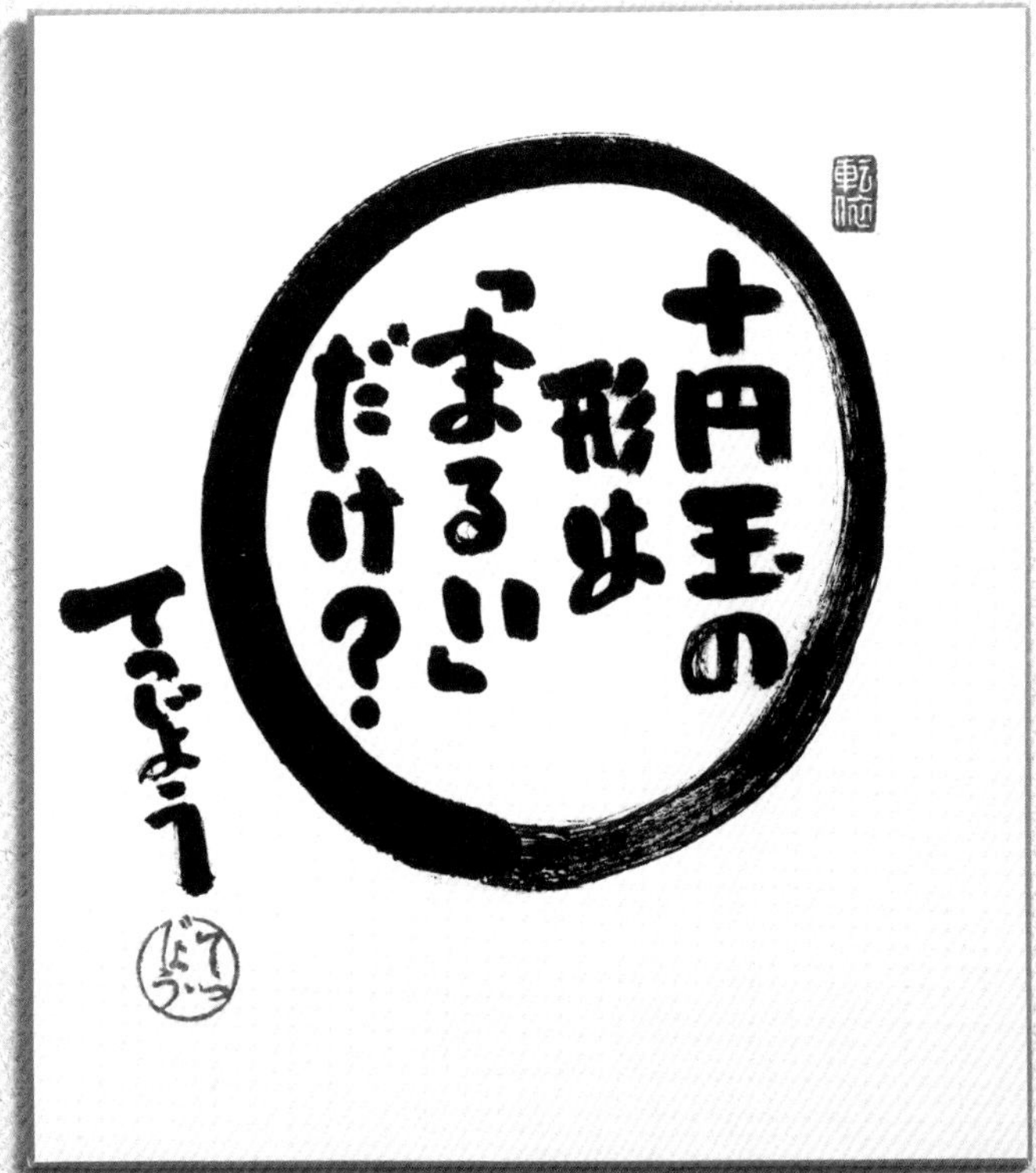
十円玉の
形は
「まるい」
だけ?
てつじょう

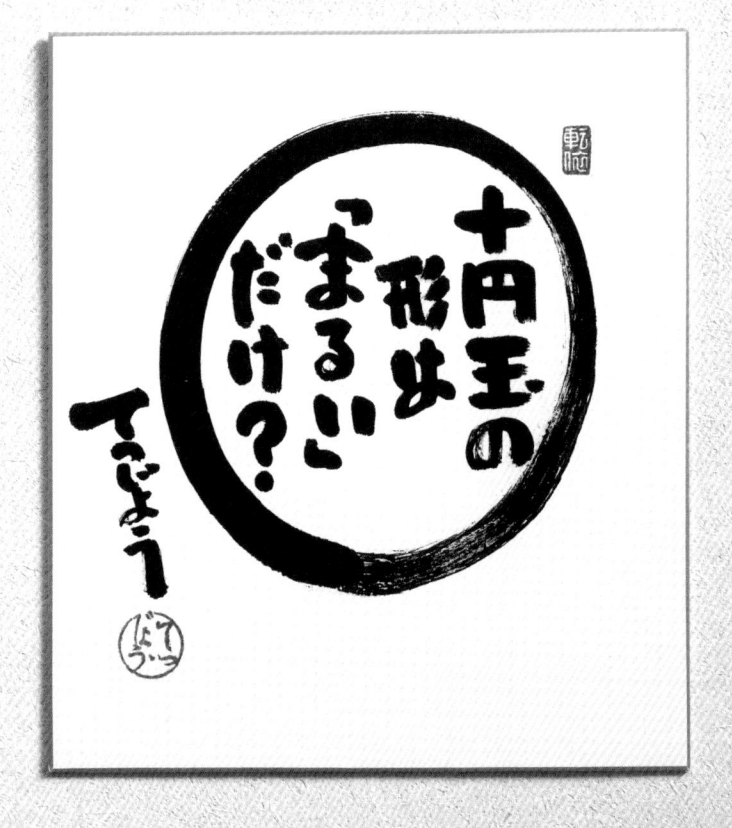

自分のご先祖様はいったい何人いるのかが気になり、二十五代前まで遡って計算すると、三三五五万四四三二人にもなりました（それでも八〇〇年程です）。その時に、もしご先祖様の誰かひとりでも欠けていたならば、自分はいなかったんだなぁと沈思熟考するほどに、命の驚異を感じずにはいられませんでした。

ご先祖様方から両親へ、そして私に。この命のリレーによって与えられた命なのですから、敬意と感謝の念を忘れず、大切に活かさなくてはなりません。

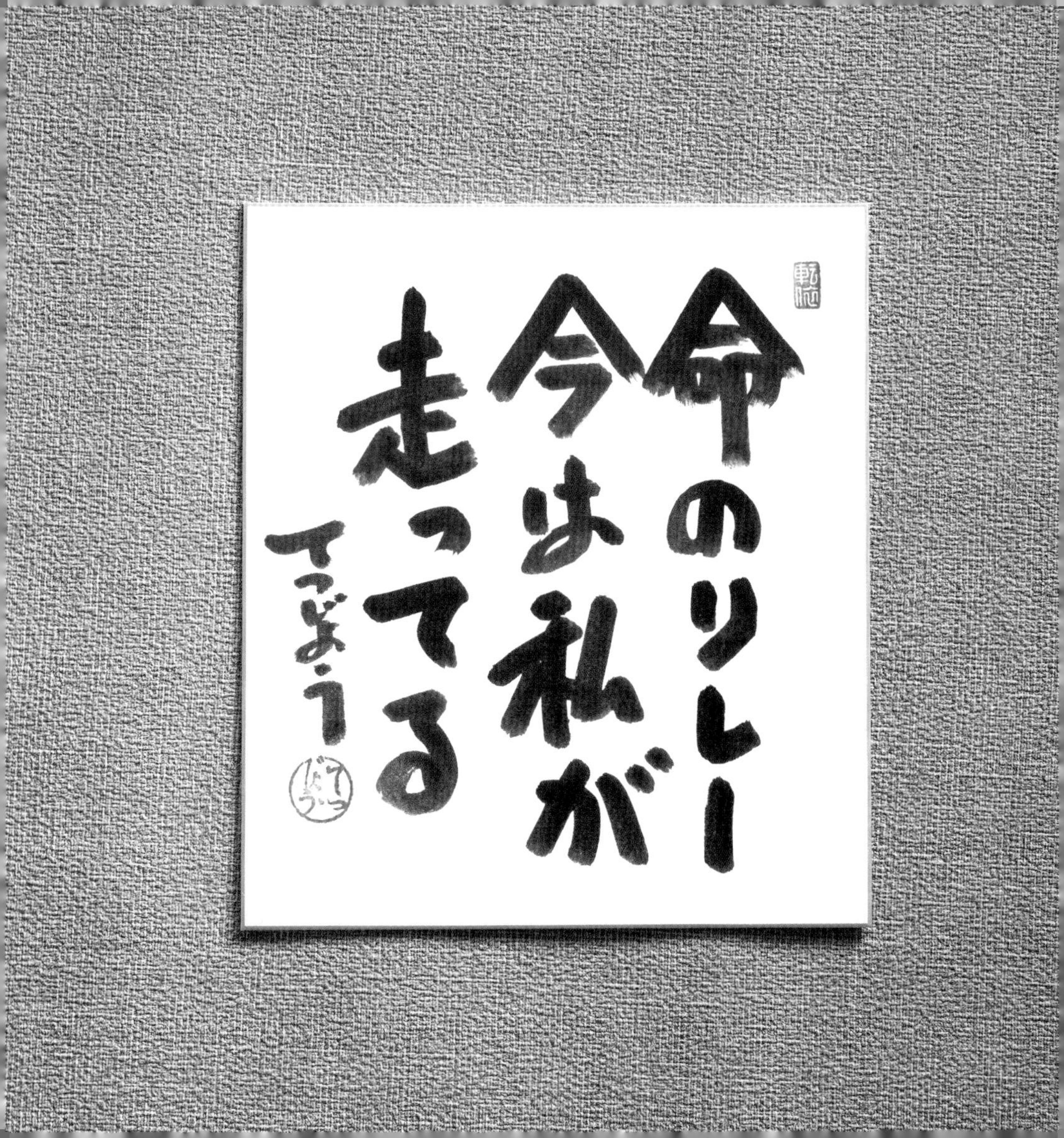
命のリレー
今は私が
走ってる

「どうやったら上手に話せるようになりますか」という質問を受けることが多々あります。

その時に、「上手になりたいと思い続けながら話をすること。話を終えたらすぐに悪かった箇所を洗い出し、毎回少しずつ補正を加えること。この二つを忘れることなくお話させていただいています」とお答えしています。

最初から上手くいくことはそうはありませんので、「最初から上手に」という無理な願望を抱かず、「少しずつ上手に」が大切です。

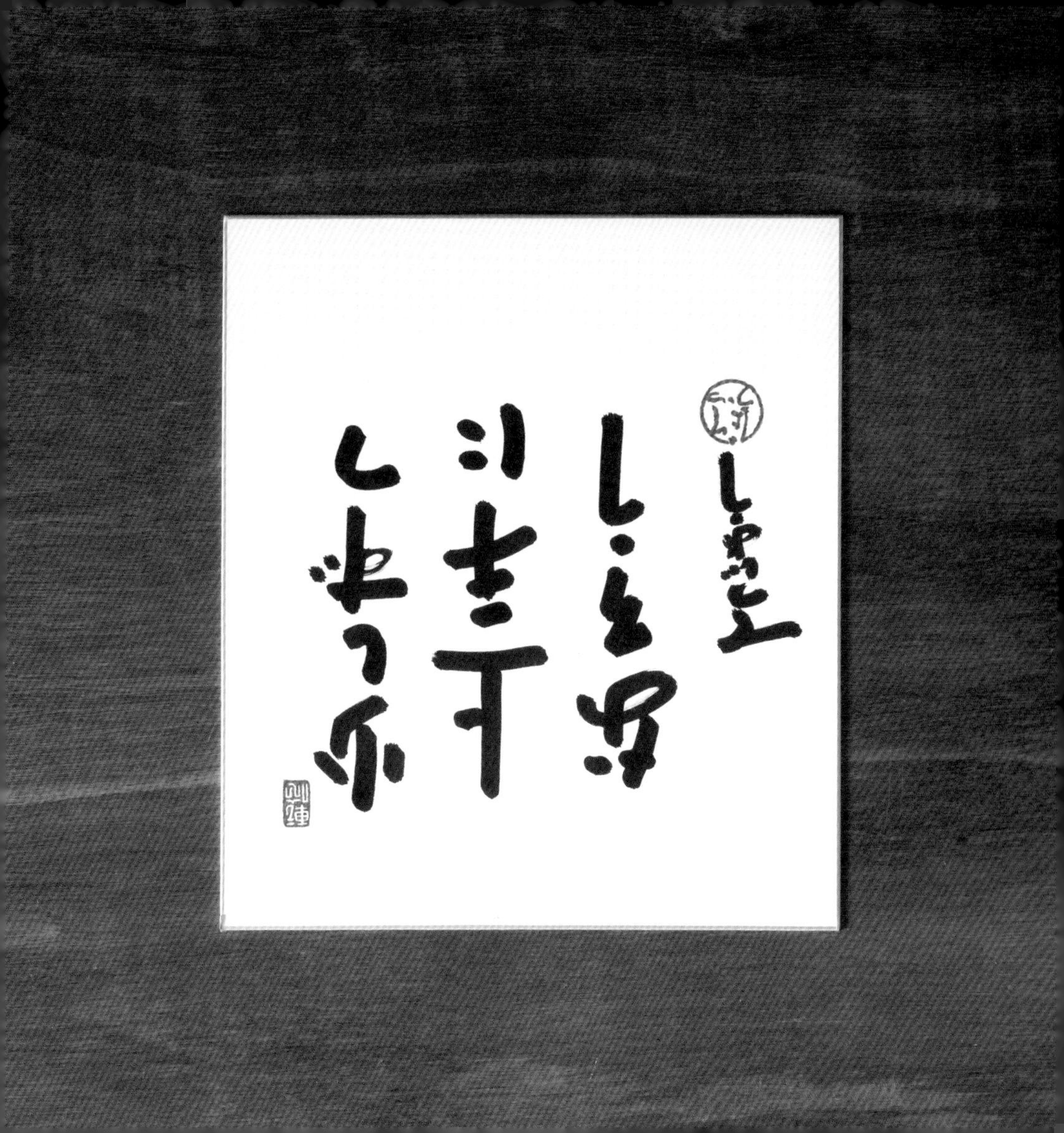

コロナ禍は私の生活パターンを急激に変化させました。しかし、悪いことばかりではありません。強制的な活動制限による身動きの取れぬ時間は、逆に「齷齪《あくせく》」に侵されていた身心《しんじん》を解放する良い機会となりました。

それによって気づかぬうちに置き去りにしてしまっていた多くの大切なことに、心を向けることができたのです。時にはゆっくりと、自分を振り返るのに必要なんですね。

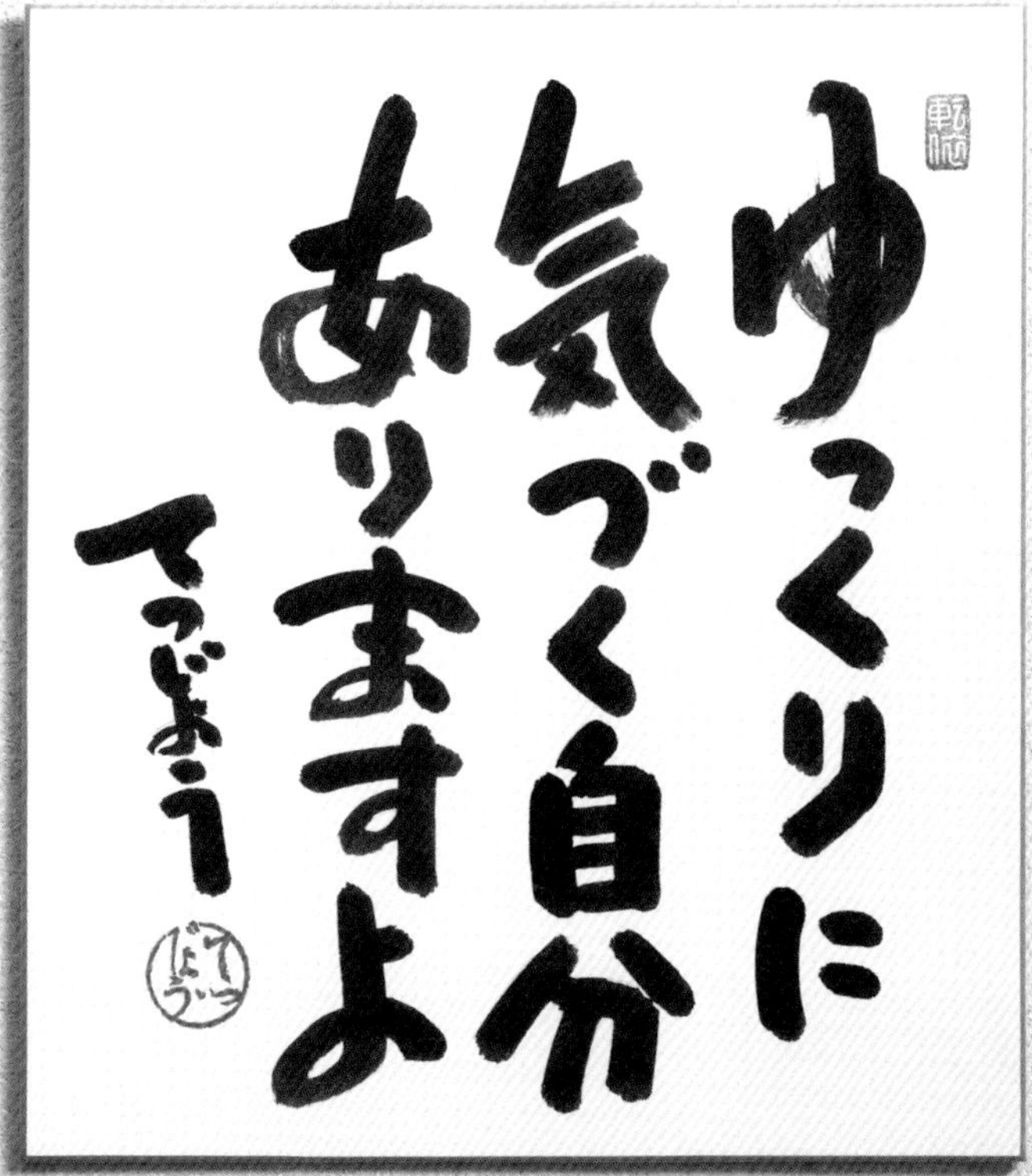
ゆっくりに
気づく自分
ありますよ
てつじょう

この言葉は、あるアスリートに贈ったものです。競技の世界は皆が激しく頂点を目指します。その中にあって成果が上がらないと、他の選手に強い嫉妬を抱いたり、自分を卑下して選んだ道だけでなく、自分の存在そのものが恨めしくなり、もの凄く苦しくなると聞きました。

あがきながら、もがきながら、自己を錬磨するところからしか、未来は拓《ひら》けません。彼が自分の描いた未来を信じて、前へ進んでくれることを心から願っています。

あがけ
もがけ
みがけ
それが
未来を拓く
てつじょう

思いもよらぬ足の怪我で正座はできず、歩くのも難儀。医師の指示に従い一週間ほど安静にしていたのですが、その間は本当に不自由でした。痛む足に「いつも当たり前に頑張ってくれてありがとう」と感謝の念。

それをきっかけに健康だけでなく、生活のすべてを見直してみると、当たり前のことは、ひとつもないと今更に実感しました。

その時「当たり前」が「ありがたい」に変化し、なんとも言えぬ「しあわせ」が押し寄せてきました。

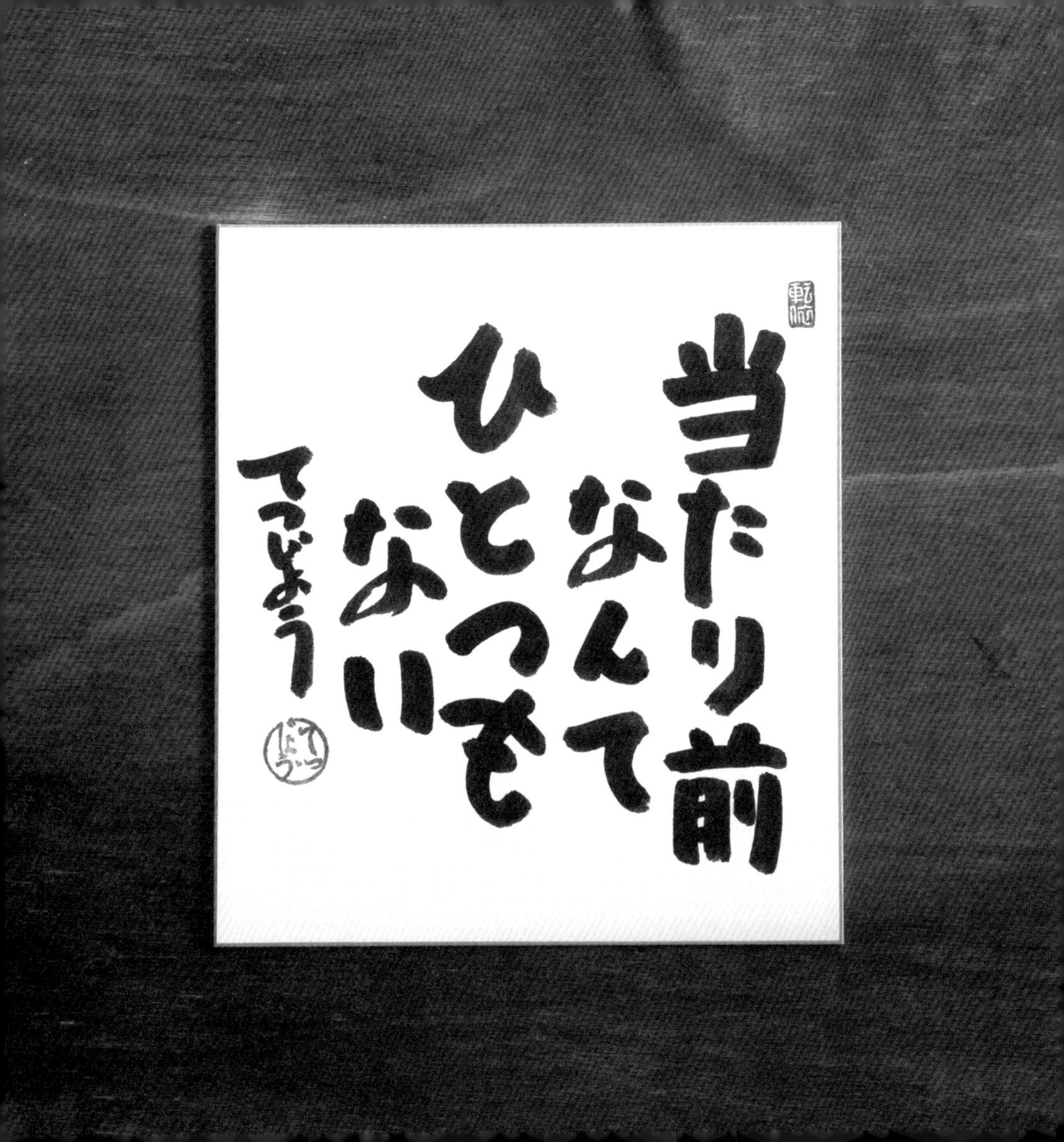
当たり前
なんて
ひとつも
ない
てつよう

芋虫はその姿も、地を這《は》うような歩き方も、あまり好かれません。しかし、蝶に生まれ変わり、自由に飛び回る美しい姿は、誰からも好かれます。

私は芋虫と蝶が一つの命の流れの中で、大変身することに、励ましを受けました。そして、生活の中で上手くいかないことに出会った時、「今は芋虫だけど、いつの日にか蝶になるぞ」と自分に言い聞かせ、鼓舞してきました。

ちなみに、脱皮とは、覚悟である、と私は受け止めています。

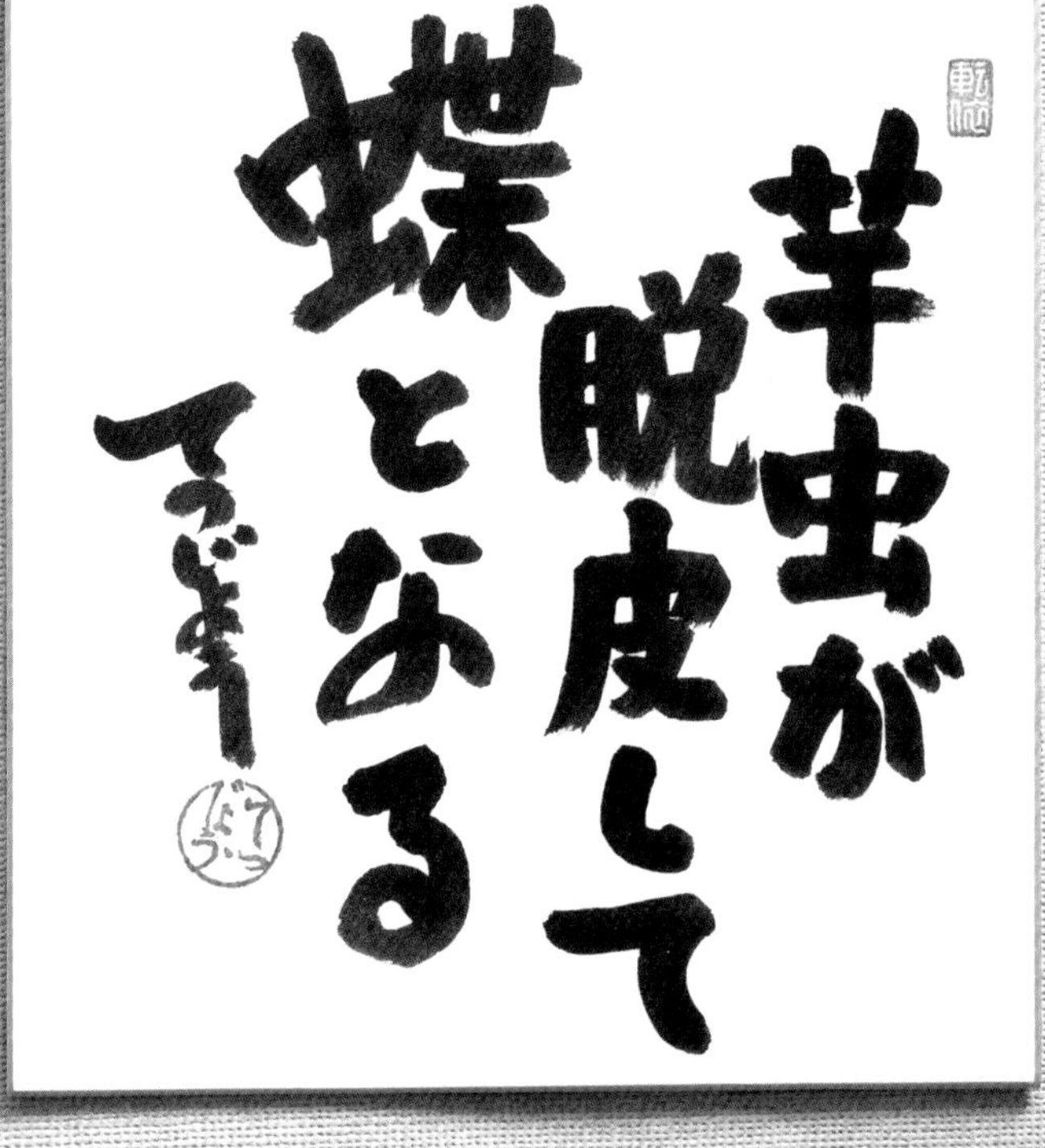
芋虫が脱皮して
蝶となる

自分の欲せぬ仕事を命ぜられると、心の中で「なんでこんな仕事しなくちゃいけないんだ」と不満の言葉を繰り返します。すると行動にも影響が現れ、良い仕事ができる訳がありません（私の経験から）。

でもこれは仕事に向かう心構えの修練が足らないからだと思います。ですから私は仕事を頼む時に「やりたくない仕事も、自分に命ぜられれば自分の仕事。自分の出番だと思って努めれば、信用にも実力にもなる」と、伝えています。

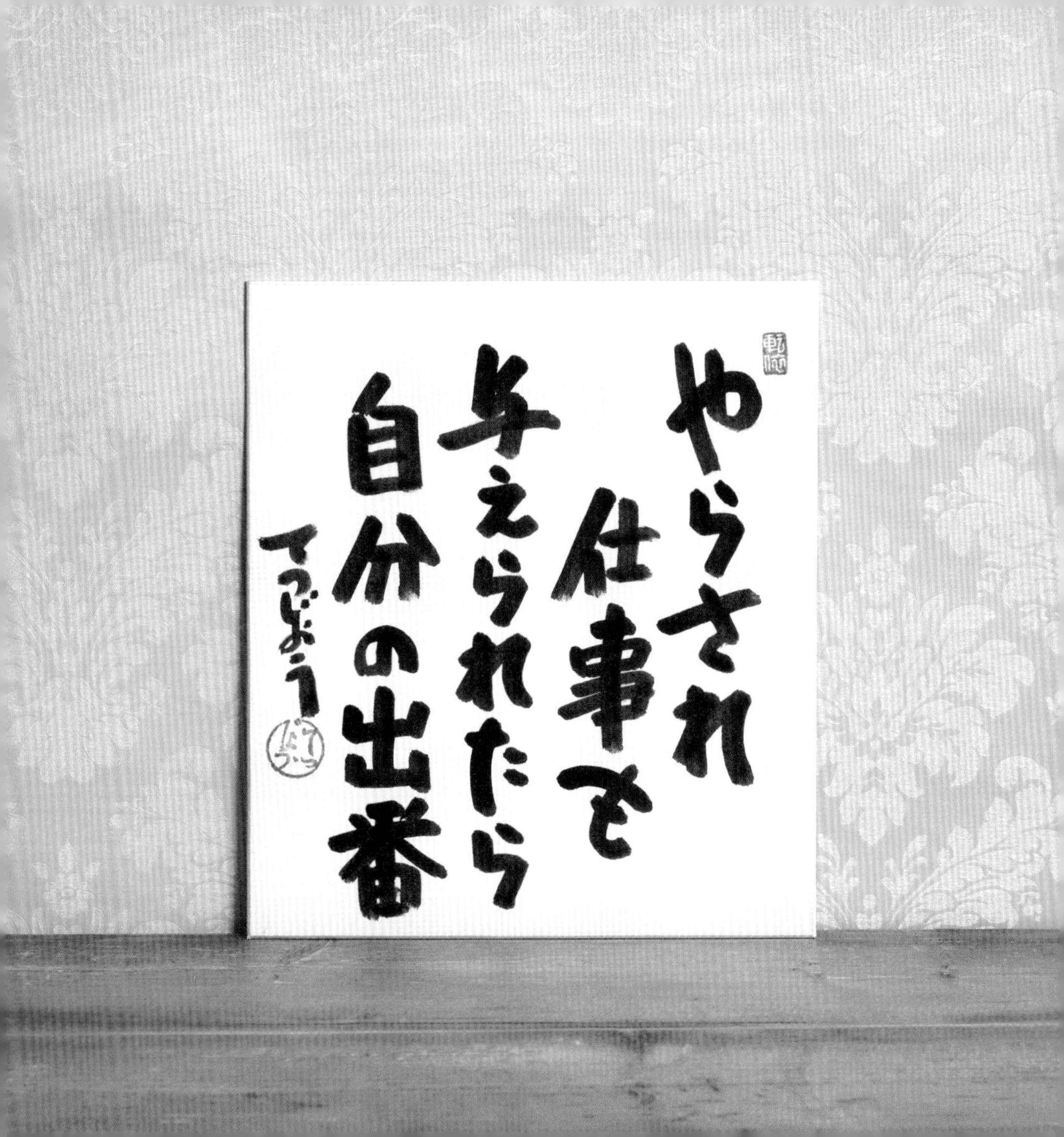
やらされ
仕事を
与えられたら
自分の出番
てつじょう

仏教には色々な教説があります。それは富士登山に種々のルートがあるのと同じこと。薬師寺では「唯《ゆい》識《しき》」という教説を中心に修学・修行しています。

唯は「それだけ・のみ」。識は「心」。つまり、全ては自分の心（識）によってのみ（唯）造り出されると説き、心の修練を最重要課題としています。

心ひとつで、行動も、未来も変わってくる。この教えを基に、自らの心との対話を忘れず、人生を歩むことが大切なのです。

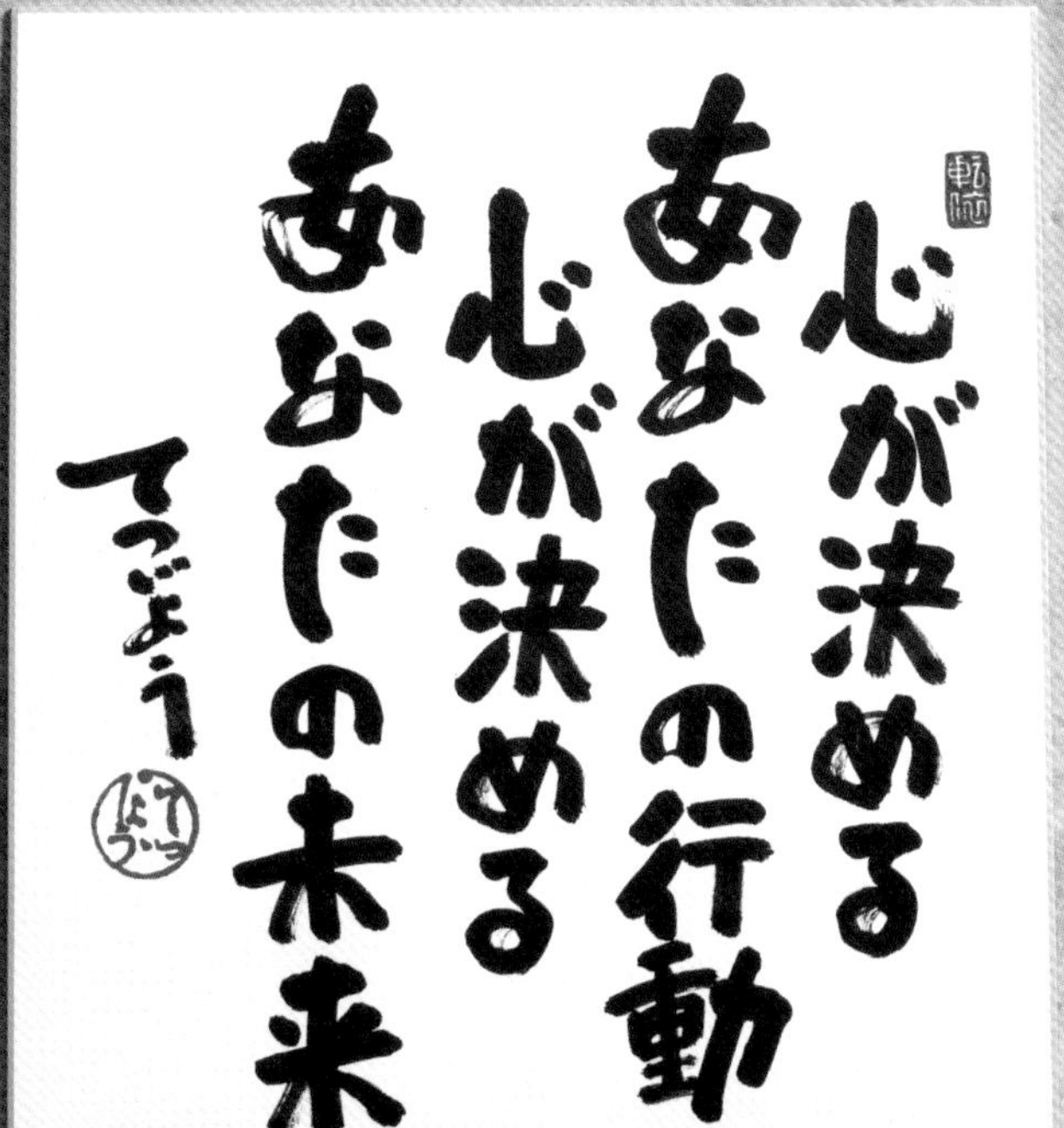
心が決める
あなたの行動
心が決める
あなたの未来
てつじょう

「守拙《しゅせつ》」という言葉をご存知でしょうか。

「守」はまもる。「拙」はつたない。つまり、『過信せずに生きる』ことを説く教えです。私は過信を無くせば良いとは考えていません。

しかし、過信が度を越せば、身を滅ぼすことは知っています。なかなか自分のことを「拙い」とは言えません。だからこそ、「守拙」に重みを感じます。私はこの大切な生き方を「高望みはやめよう」と言い換え、生きる指針のひとつとしています。

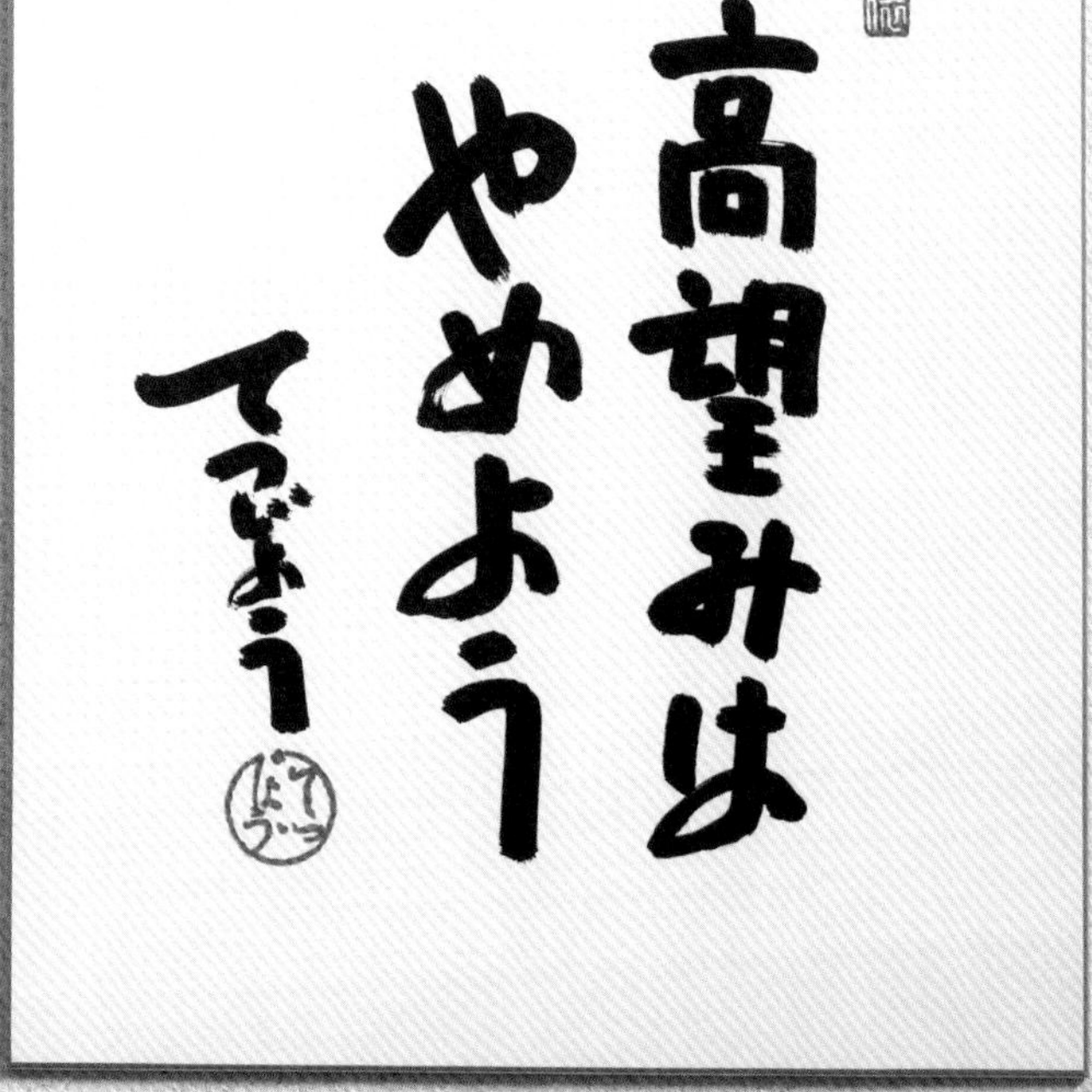
高望みは
やめよう
てつじょう

直ぐに答えを出したがるのが私の癖。それが故に後悔したことは数知れず。自分に必要なのは熟思、熟考の「熟」だと気づき、戒めにすべく手帳に記しました。

ある本の中で「熟熟」が読めず、確認すると「つくづく」。意味は「熟」と同じでしたが、強調語の「熟熟」の方が更なる戒めになると感じ、手帳に記していた「熟」の字にもうひとつ「熟」を書き添え、そこに「憧れの生き方」と標題をつけました。

ちなみに熟一字でも「つくづく」と読むそうです。

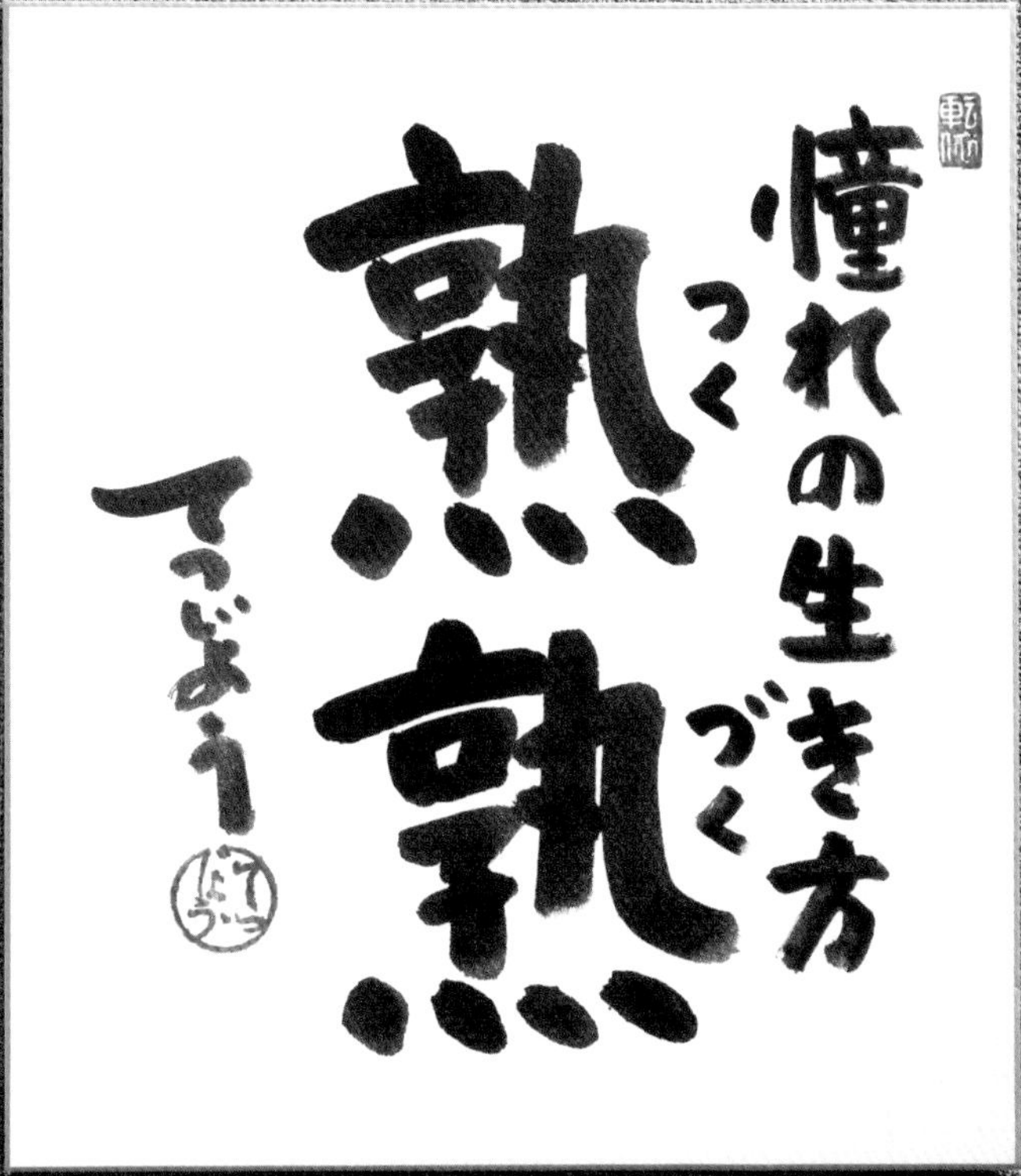
憧れの生き方
熟《つく》熟《づく》
てつじょう

書棚の整理をしていると、仏教学者だった父が「本を通読せず、必要な箇所だけを開く人が多い。本は読了して初めて著者の意図が見えてくるものだ」と言っていたのを思い出しました。

私の仏教書は読みかけだらけ。中には買っただけの本も。これを機に一冊ずつ読破に努めています。すると一冊読み終えただけで、長年抱えていた疑問があっさり解けたのです。

素直に父の教えを実践すれば良かったと、亡父の言葉を噛《か》み締めています。

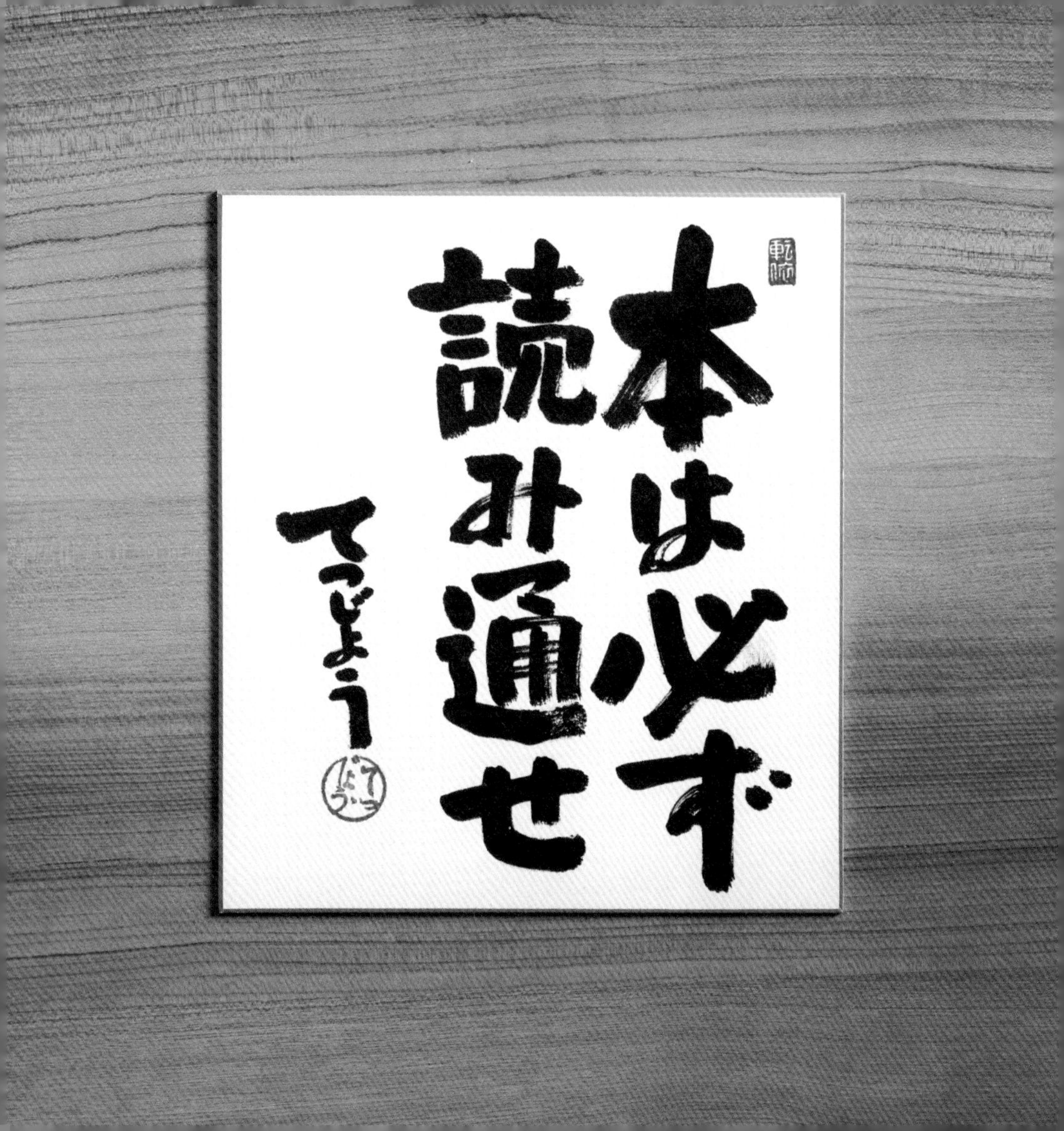
本は必ず
読み通せ
てつじょう

築五十年程の家を壊すか、残すかという相談がありました。立派な材が使われているのですが、扱いの悪さと無住による荒れた印象から「壊す」に心を傾けました。

そこへ家を建てられた方の奥さんが来られ、「古いのと汚いのは別ですよ」と戒めの一言。よく考えればお寺は数百年単位の建物。それでも大切に守れば文化財にもなります。

みんなで掃除をしていると「残したいね」の声に。今では古民家活用で、人々の集う家となっています。

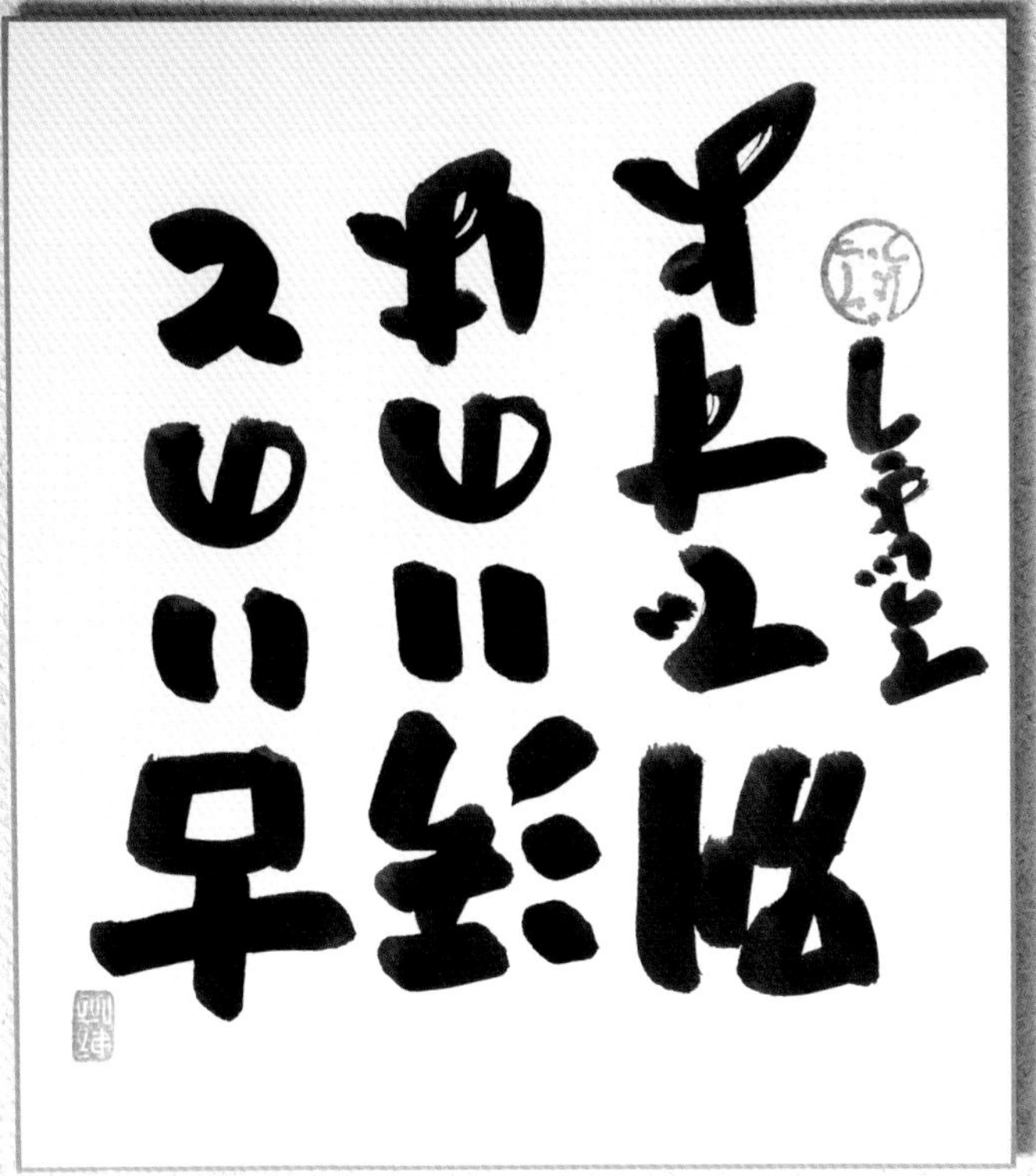

お釈迦《しゃか》さまは布教の旅の中で、南に行けばお釈迦さまを歓迎してくれる街、北に行けばお釈迦さまに敵対心がある街という岐路に立たれました。

その時同行していた弟子が「安全な南の街に行きましょう」と進言します。するとお釈迦さまは「私に敵対心を持つ人にこそ、私の教えが必要なのだ」と言われ、北の街に向かわれるのです。

自分が何をすべきかを知っておられたお釈迦さまは、決して自分を甘やかすということをなさらなかったのです。

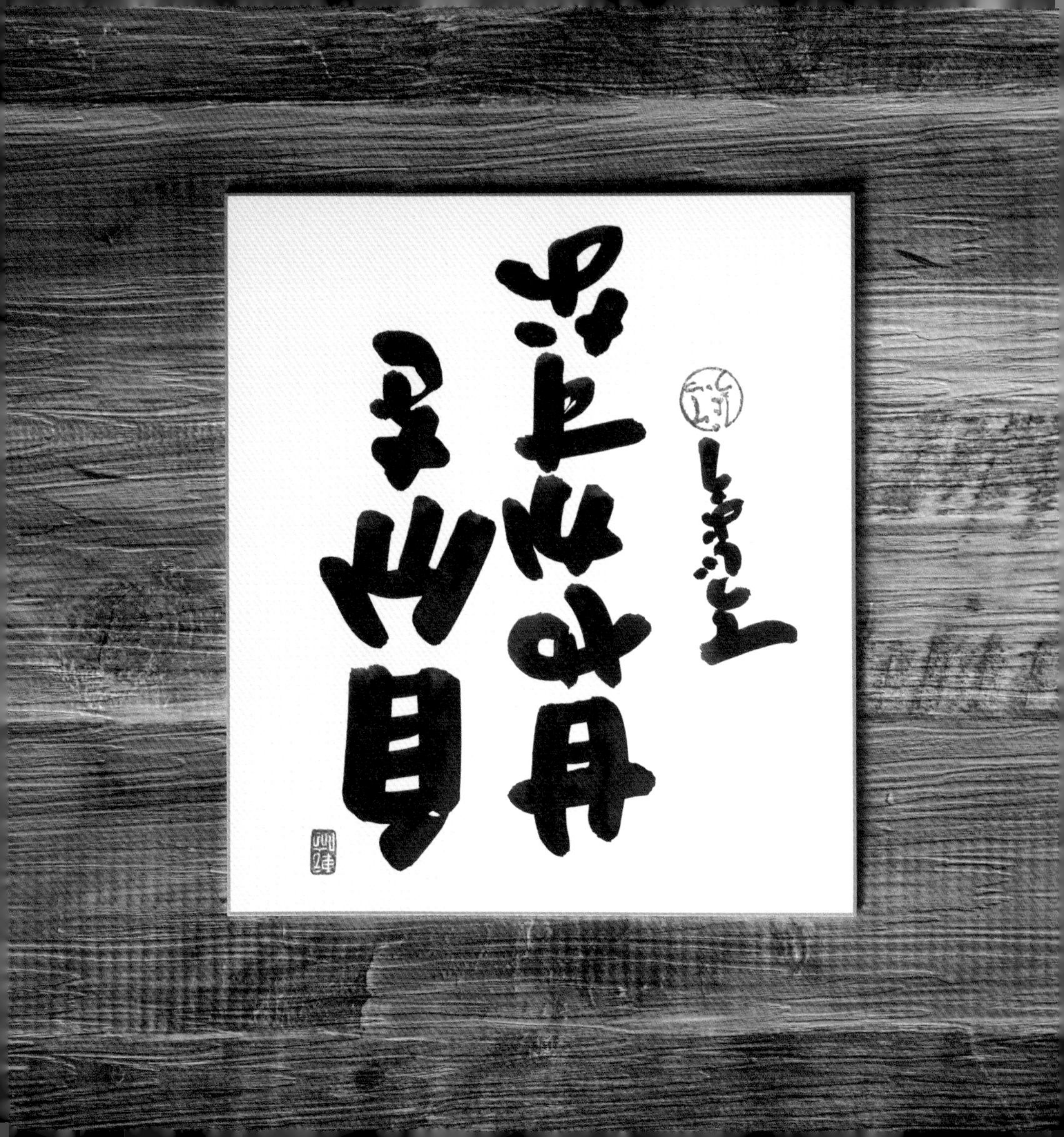

私が発表している『日々のことば』は、決して人さまに対しての警世ではなく、私自身への戒めとして書いています。その中でも特に自分に強く言い聞かせたい事や、反省をしなければならない事がある時に書いているのが、「オイお前」ではじまる言葉です。

自粛で自由に使える時間が多く与えられているにもかかわらず、ボーっと過ごして、ちっとも学ぼうとしない自分が情けなく、喝を入れる必要があると思い記したのが今回の言葉です。

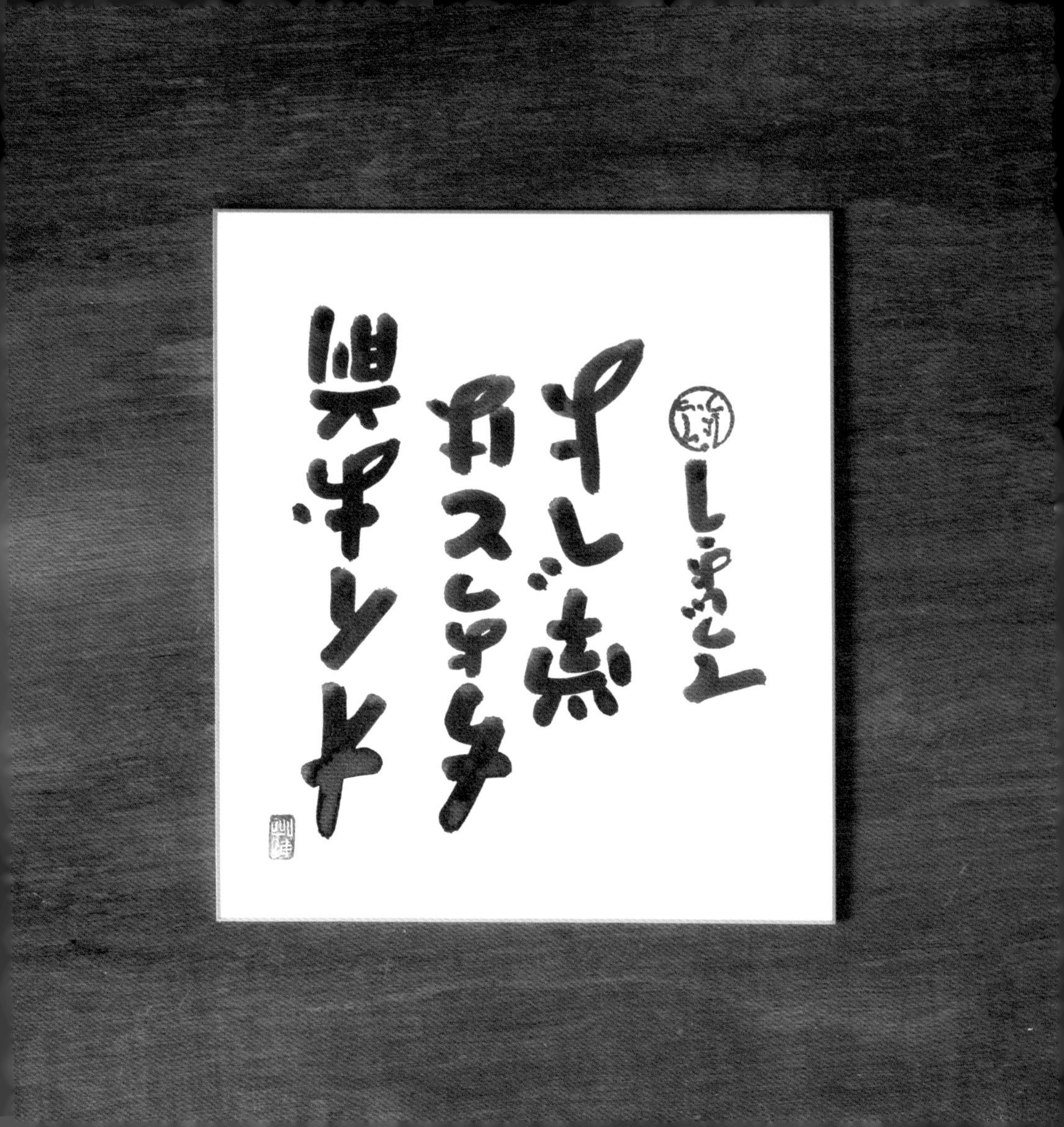

自分の評価を下げたくないという心が、「教えて下さい」と言わせないどころか、〝知ったかぶり〟までさせて恥をかいたという経験は、誰しもあるかと思います。

道歌《みちうた》（道徳的和歌）に『知らぬ道　知ったふりして迷うより　聞いて行くのが　ほんの近道』とあります。

これこそが間違わずに生きる基本です。いつの日にか知っていることでさえも、確認を兼ねて「教えて下さい」と、素直に言える自分になりたいと願っています。

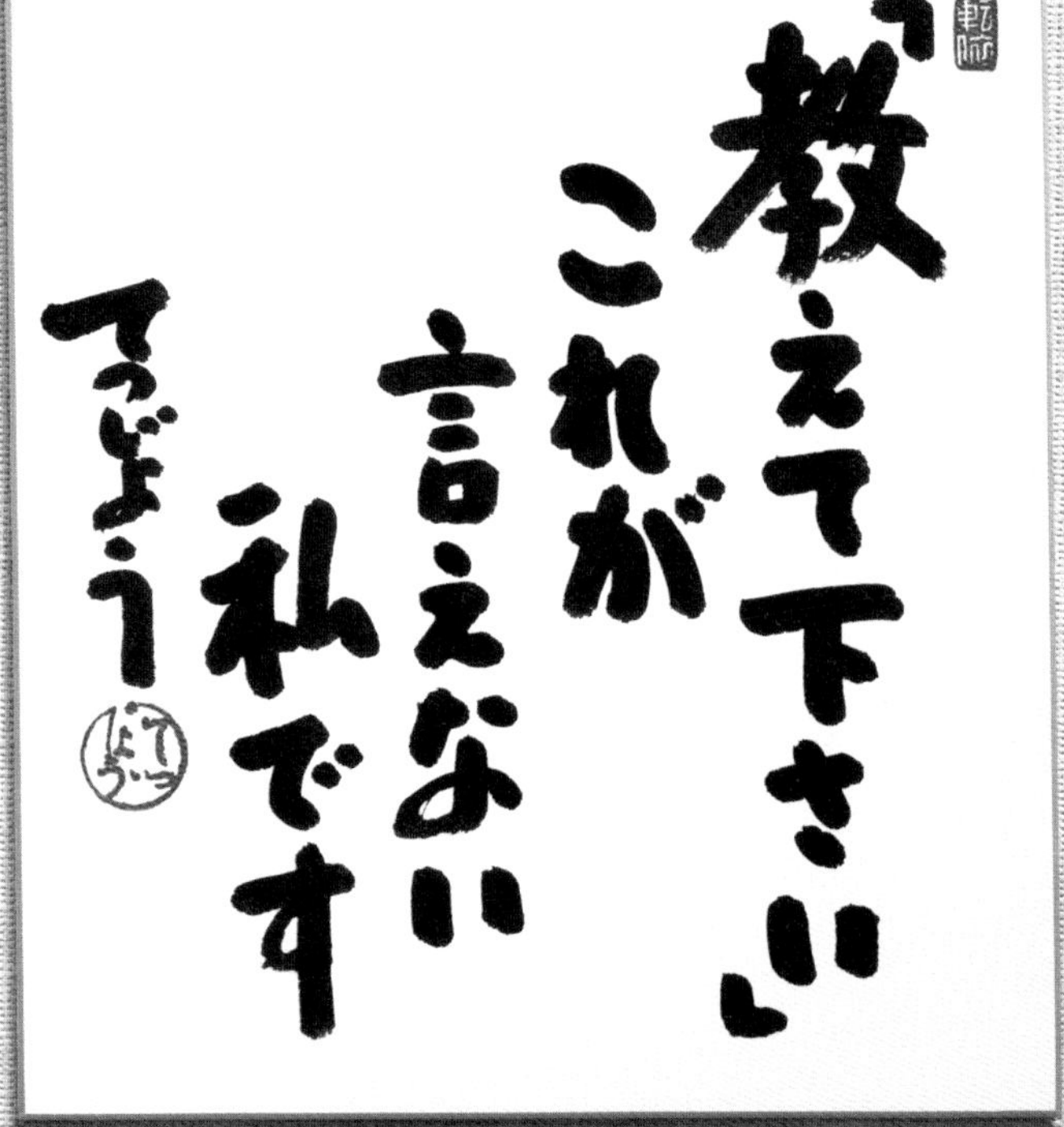
「教えて下さい」
これが
言えない
私です
てつじょう

私は「無理だ」という言葉が大嫌いです。その理由は、夢を壊し、道を閉ざす、最悪の言葉だからです。物事は全てが瞬時に成るというわけではありません。手こずることの方が多いのが現実です。行き詰まった苦しさから「無理だ」と投げ出してしまったら全て終わり。「無理だ」と思った時こそが「今は無理でも、未来には実現させてやるぞ」と、腹をくくり直す好機です。

ちなみに私は「今に見ててごらん」という言葉が大好きです。

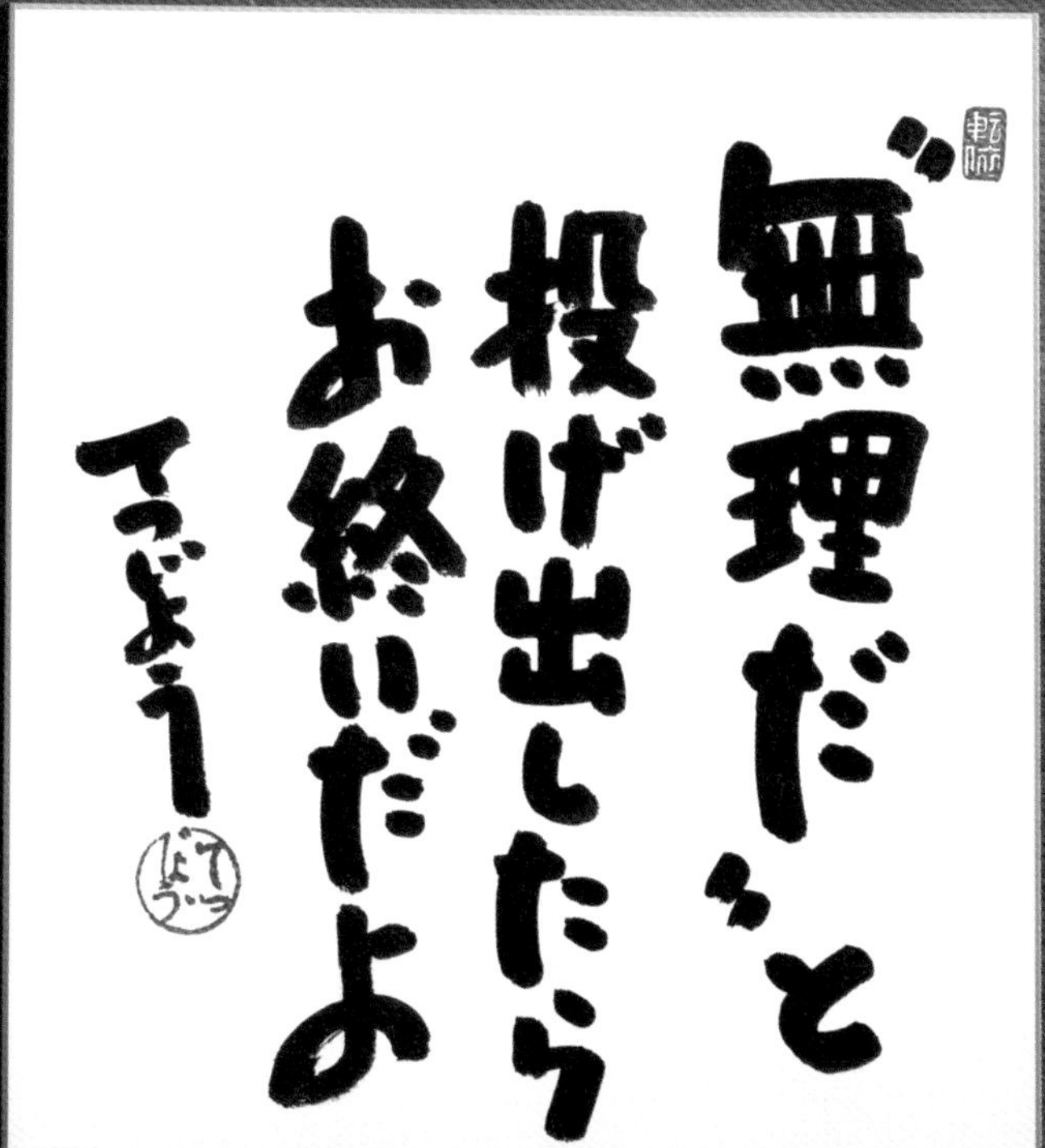
無理だっと
投げ出したら
お終いだよ
てつじょう

学びは重ねるごとに面白くなります。ひとつの疑問が新しいことを学ぶきっかけとなり、次から次へと広まり深まっていきます。例えるならば、貯金が利子で増えていくようなもの。更に貯金は使うごとに減ってしまいますが、学び得た知識は使っても決して減りません。

学びの貯蓄は、辞書を引いた項目数、読んだ本の頁《ページ》数などに比例して増え、人生を豊かにしてくれる優れものです。

あなたは今どれくらい、学びの貯蓄を持っていますか。

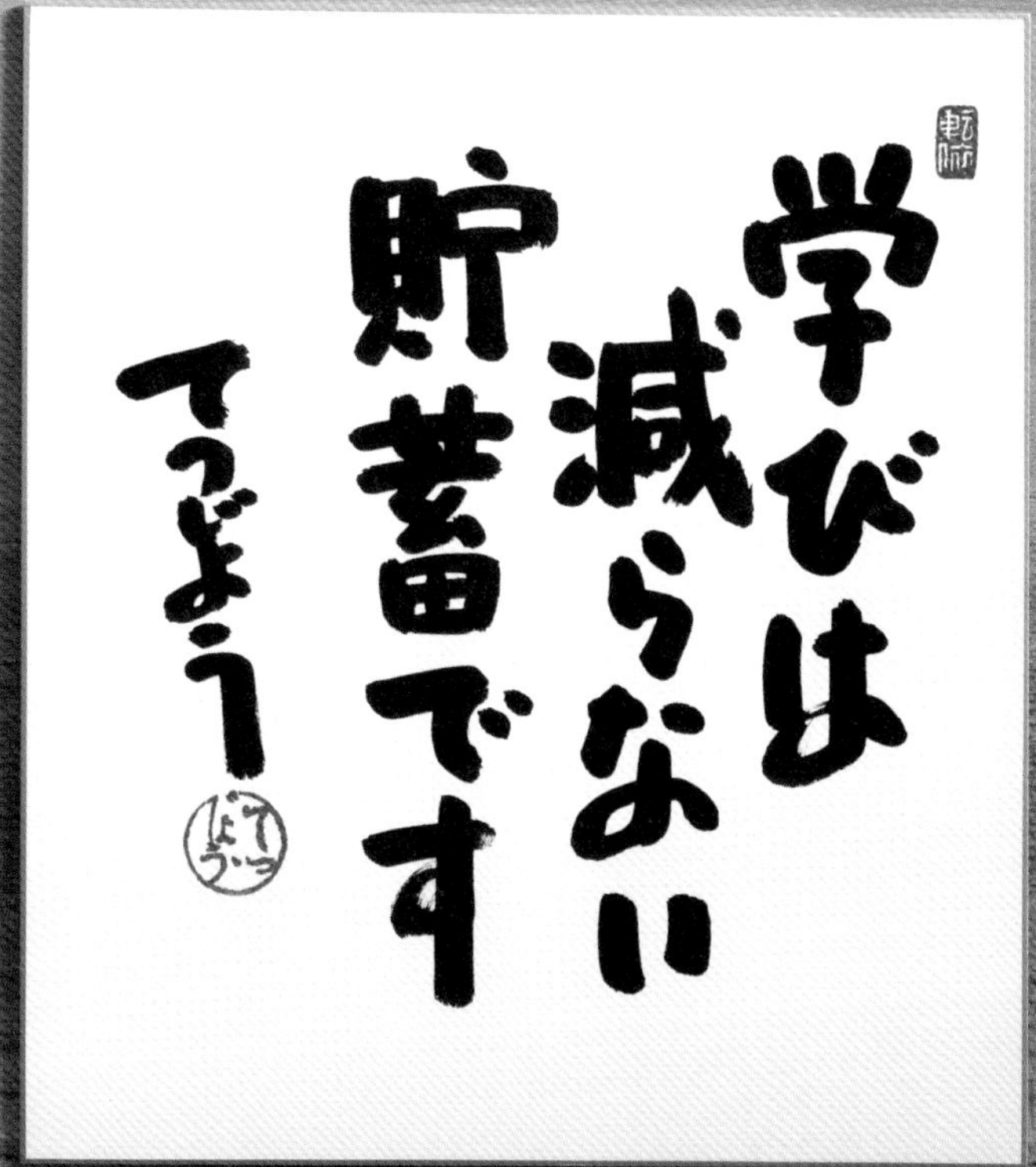
学びは
減らない
貯蓄です
てつよう

師匠・高田好胤和上《たかだこういんわじょう》は「こだわるな」と提唱されていました。

修行時代、兄弟子が師匠との何気ない会話の中で「それはこだわりでっせ」と軽く言い返しました。すると師匠は「こだわりも、かたよりも、時と場合と相手によりけりじゃ」と笑いながら一蹴。その言葉を聞いた兄弟子のぐうの音も出ないしかめっ面を見て、みんなで大爆笑となりました。

「こだわるな」に、こだわることが、こだわりなのだと学べた、温かい思い出です。

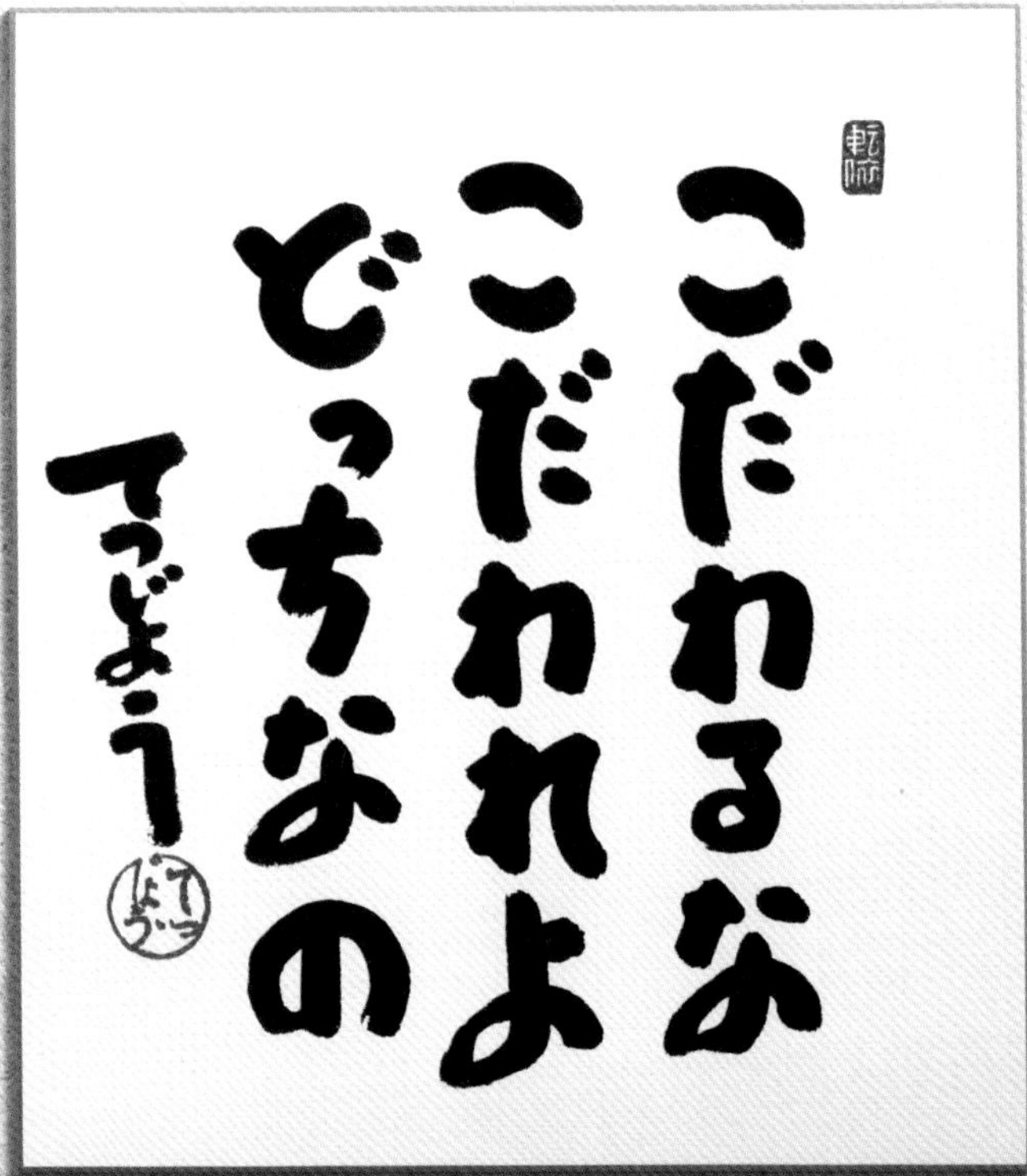
こだわるな
こだわれよ
どっちなの
てつどよう

「どうしたら夢が見つかりますか」と尋ねられた時、「どんなことでも良いから感動した事を思い出し、何に心が動いたかを考えてください。そこに夢が潜んでいると思いますから」と答えます。

そう答える理由は唯一つ。師匠・高田好胤和上の説法を聞かれた方々の満面の笑みに感銘を受け、そんな説法ができる自分になりたいと、私自身が夢を描いたからです。

心が動いた一瞬に、自分の歩む道が見えてくる。私はそう信じています。

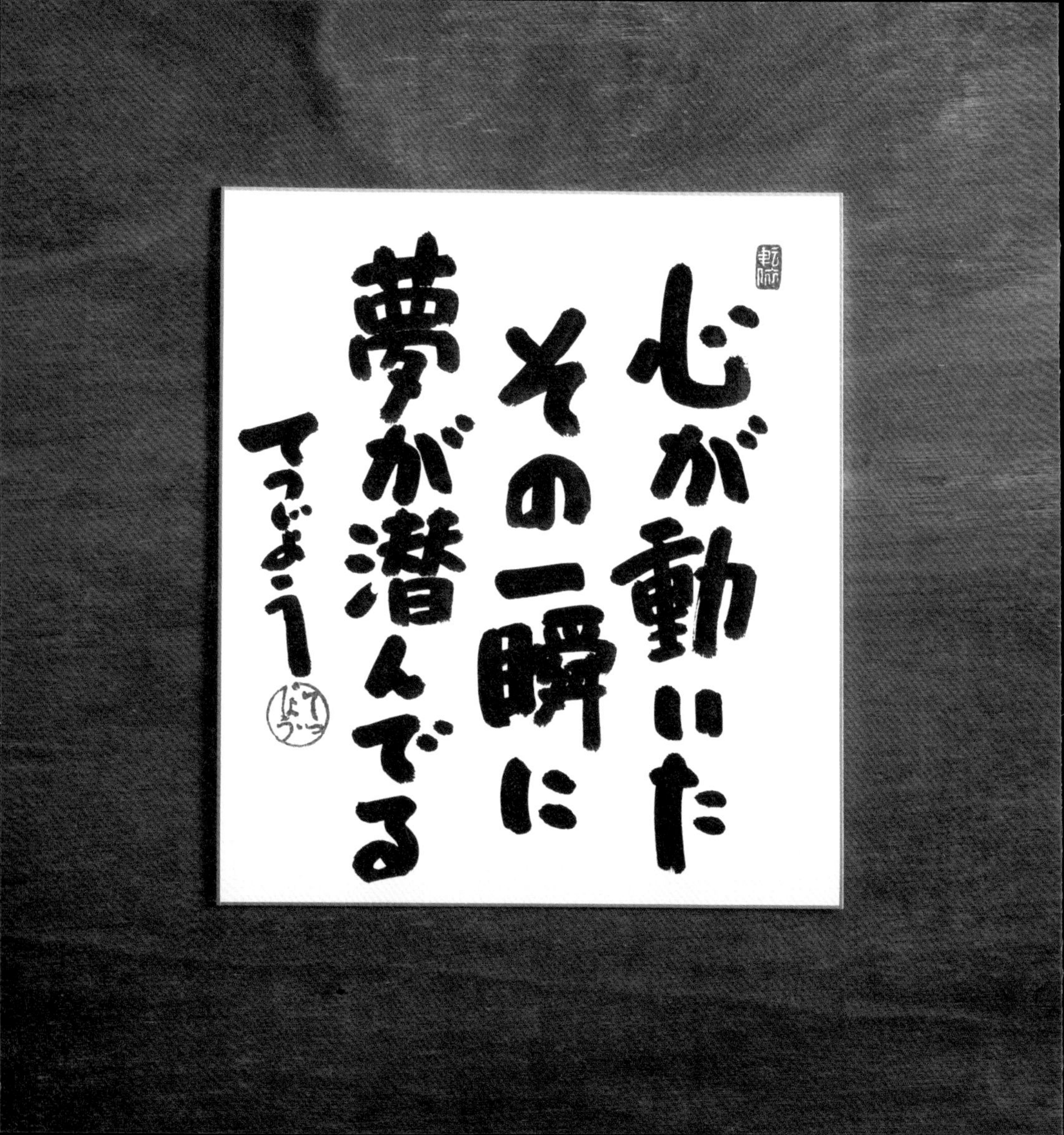
心が動いた
その一瞬に
夢が潜んでる
てつじょう

第二章

気になる漢字、気になる言葉 二十

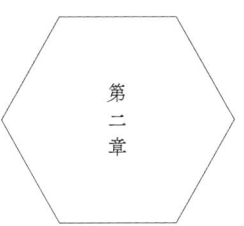

書物というものは、著者の人生観、世界観、研究成果などの凝縮であり、自分の学びだけでは知り得なかった言葉の宝庫です。

若い頃「難しい言葉に出会ったら、文字が話しかけてくれるまで眺めろ」と教わりました。それをきっかけに、新たに知り得た言葉を手帳や紙に書き留めて見つめて来ました。そのおかげで多くの言葉との対話によって、私の心が良い方向に運ばれました。

第二章では、漢字や言葉の成り立ちが、本来の意味からかけ離れた徹奘流の解釈も広がっていきますが、「こんな受け止め方もあるのだなぁ」と思いながらお読みください。

無駄な努力はない

修行生活を始めた頃は「意味ないよ、こんな努力」と恨めしく思うことの連続でした。「努力」の真意を理解せぬまま日々を重ねながらも、手抜きしそうになる自分に「無駄な努力はないぞ」と言い聞かせていました。しかし、「どんなに努力してもダメな時もある」と失望したことは数えきれません。

「努力」とはいったいなんなのか。過日やっと抱えていた疑問に終止符を打つことができました。石川県・加賀一の宮・白山比咩神社《しらやまひめじんじゃ》の村山和臣宮司との対談の中で、宮司が「報われない努力はあるけれども、無駄な努力はひとつもない。」とさりげなく言われた一言。

これが疑問の答えだと感じた瞬間、つかえていたものが取れました。

確かに「報われない努力」という悲しい現実は数多くあります。しかし、報われないと決めつけてしまったら、そこで成長を止めることになります。効果や結論を優先することなく、今を大切に努める。これこそが「無駄な努力はない」です。

柔和質直者《にゅうわしつじきしゃ》

朝勤行で繰り返し読経する経文の一節に「柔和質直者《にゅうわしつじきしゃ》」と出てきます。これこそが仏さまが理想とされる人物像であると、最近思うようになりました。

「柔和」とは態度が「ものやわらかな」こと。「質直」とは「かざりけがなく正直」なこと。「者」とは「人」のこと。ここから仏さまの理想的とされる人物像は「ものやわらかで、かざりけがなく正直な人」となります。

このように具体的な言葉で示していただけると、自分自身と比較をすることが容易になります。わたしなどは言葉や行動に粗雑なところがあり、目立ちたがりですから、如何《いか》に仏さまの説かれる理想に程遠いのかがわかります。

仏さまは人間観察が深いお方です。だからこそ理想とする人物像を明確に説き示し、目標として掲げられているのです。目標には遠い自分だと言ってあきらめてしまうのではなく、目標に少しでも近づけるように精進すればよいと諭されるのです。

平和と調和

二〇二二年に起こったロシアによるウクライナ侵攻は、悲しいことに未だ終結に至りません。この他にも気候変動問題も顕現し、今ほど切実に平和を考えた時はありません。平和の平は「たいら」、和は「仲良し」です。言い換えれば、波立ちの無い世の中が「平和」です。

平和という永遠の理想を手に入れるために必要な行為が、「調える（ととのえる）」です。私は「調」という言葉がもの凄く好きです。なぜなら「調」は「しらべる→ととのえる→やわらぐ」と、出世魚のように変化し、「平和」という理想に近づけてくれるからです。

調も和も「やわらぐ」という意味を持ち、調和は「やわらぐ」の強調語です。調和を英訳すれば「ハーモニー」です。互いの気遣いこそが「調和」を生み、そこから「平和」が実現されるのです。

「平和」を希求する願いから、毎朝の諸堂を巡る勤行では、諸仏に「調和」をご祈願しています。

重問《じゅうもん》

お経の中に「重問《じゅうもん》」という言葉があります。この「重問」こそ、お釈迦さまがお説きになられた、正確に教えを伝えるための大切な手段です。

教えをはじめ物事を正確に伝達することが如何に難しいかは、誰もが知っていることです。私などは「わかりましたか」と尋ねられると、よく理解できていないのに「わかりました」と答えることがままあります。これは心のどこかで「わかりません」と答えると「自分の評価が下がってしまう」と思い込んでいるからです。

お釈迦さまは自己評価を気にする人間の心理をよくご存知だったからこそ、重ねて確認する「重問」を説かれるのです。ここで決して忘れてはならないのは、相手に対して「重問」するだけでなく、自分自身に対しても「重問」することです。

「重問」を学んだ今日からは、「自問自答」を『自重問自重答』（徹奘造語）とし、常に自分との対話の中でも「重問」をして、心の声を聞き逃さぬよう努力を重ねてください。

悔しい

「悔しい」という言葉には、マイナスイメージがあるように受け止められている節がありますが、本当にそうなのでしょうか。

オリンピック・パラリンピックをはじめ、たくさんの運動競技が行なわれ、賞を得られなかった選手、得た選手、それこそ影と日向ほど差のある立場からコメントを聞く機会があります。

賞を得られなかった選手は、涙しながら「悔しい」と話をし、それこそこの世の終わりのような顔をしています。それに対して賞を得た選手は「以前味わった悔しさを再度味わいたくないので、できうる限りの練習を重ねてきました」と話し、「悔しさ」だけが残った過去の自分を越えられたことを、誇っているように聞こえました。

「悔しさをバネに」という言葉がありますが、「悔しさ」は決してマイナスイメージだけの言葉ではなく、さらなる飛躍の原動力となる、逆説的な励ましの言葉なのだと、自分の人生を振り返っても、そのように思えて仕方ありません。

襤《ぼ》褸《ろ》

明治から昭和期にかけて東北地方で使われていたという継《つ》ぎ接《は》ぎだらけの着物を見ました。思わず「ぼろいなぁ」と言葉が出てしまいました。

「ぼろ」を漢字で書くと「襤褸」。「襤（らん）」と「褸（る）」には共に「ぼろきれ」という意味があります。

北海道へ法話に伺った時に、使えなくなった古い布地を裂いて織《おり》を施す「裂《さ》き織り」の職人さんから、極寒の地の生活は貧しく、どんな布であっても最後の最後まで大切に使い切ったという由来を聞きました。

お袈裟は元々墓場などに捨てられていた布を継ぎ合わせたものです。お釈迦さまの物に対する精神の象徴ともいえるお袈裟を、仏弟子として身に着けさせていただいていながら、無意識に「ぼろいなぁ」と発言してしまったことが、恥ずかしくて仕方ありません。

物の命を最後まで使い切ることを忘れ、使い捨て文化に浸ってしまった私たちは、改めて物を最後まで使う心を、真摯に学び直さなくてはならないと思います。

他火《たび》

民俗学では「旅＝他火」とし、狭義的には「他火」を「他の竈《かま》の火」と定義するようです。竈は食事を作る所ですから「旅＝他火＝食」といえると思います。

私が人生を懸けて勤めている法話行脚の旅は、おかげさまで気づけば全都道府県を踏破していました。各地を巡るとそれぞれの地域環境から生まれた、独自の食の文化に接することができます。地元の方と共に「他火」でつくられた食事をご一緒すると、実に多くの学びが得られ、お出会いした方々とのご縁が深まります。

懸念するのは、現代日本の食品加工技術には目を見張るものがあり、物流環境の改善による画一化の波が強く打ち寄せていることです。更に追い打ちをかけるように家族構成の変化や大都市への人口集中に伴い、ふるさとの味の伝承もできなくなりつつあるのが現状です。

特色のある「他火」による食事が失われることが、日本人特有の感性や美意識の喪失につながらないことを、強く願うばかりです。

中今《なかいま》

お寺にお世話になってから命の流れというものを強く意識するようになりました。その時に出会ったのが、神道の世界で説かれる「中今」という言葉です。それまで過去・現在・未来という形でしか受け止めていなかった命の流れを考え直す、大きなきっかけとなりました。私の命で例えるならば、両親、祖父母、その先のご先祖様からの命の流れがあって自分に命が与えられました。その私から子供、孫、子孫へと命の流れが続いていくのです。そして誰かひとりでもご先祖様が欠けていたならば、私には命が与えられず子孫への命の流れは途絶えてしまうのです。

さらに与えられた命をどのように使うかで、子孫の世界、いうなれば未来の様相が一変してしまうという、重い責任が「中」という一字に込められていることを、感慨深く学び得ました。

自分の命を「中今を生きている自分」と捉えるこの言葉に、大きな魅力を感じると同時に、命の在り方を考える、大きな示唆をいただいています。

「焦《あ》せる」と「焦《こ》がす」

薬師寺・唯識教学の第一人者であり、親しくご指導くださった故・太田《おおた》久紀《きゅうき》先生から、平仮名でたった四文字「あせるな」と書かれたお葉書を頂戴して、早いもので四十年が過ぎました。

当時を振り返ってみると、修行が上手く行かず不安に追い立てられ、何がしたいのかもわからず、もがき苦しむ日々を過ごしていました。それを見かねての太田先生からのお手紙でした。

「あせる」を漢字で書けば「焦る」。送り仮名を変えると「焦す（こがす）」になります。到達できない「あせる」と、行き過ぎの「こがす」が同じ文字で表現されているところに、漢字が表意文字である重みと深さを感じます。

一休さんが「この橋、渡るべからず」の立札を見て、「橋＝端」と捉え、橋の真ん中を歩いたという、とんち話の元となったのは仏教の重要な教えである「中道《ちゅうどう》」。「焦」の一字には、「あせる」と「こがす」の中道を生きることの大切さが説かれている、そう思えます。

冷静沈着《れいせいちんちゃく》

小学生に法話をした時『お坊さんは腹が立たないのですか』と質問され、すかさず『立つ立つ』と声を大にして答えると、会場は笑いの渦でした。

ある時、転職を控えた友人の履歴書を見てびっくり。長所の欄に「腹を立てないこと」と書かれています。『なぜ腹を立てないの』と尋ねると『怒りを発しても誰も得をしないから』との返事でした。

彼とはずいぶん長い付き合いです。彼が立腹する姿を回顧するも全く思い当たりません。その時に「冷静沈着」という言葉は彼そのものだと、友に対して憧れの心を抱きました。

「冷静沈着」という言葉には「冷たい」や「沈む」という言葉の重なりがあるので、私はマイナスイメージで受け止めており、あまり好きな言葉ではありません。しかし、この言葉の如く心に不必要な波を立てない生き方こそ、私に一番欠けている点です。修行を重ねても足らないところだらけの自分に、「冷静沈着であることが大事だよ」と説き聞かせています。

がんばらない

最近どうしても受け入れられない言葉に「がんばらない」があります。

自分を振り返っても「がんばれない」時は何度もありましたが、「がんばらない」はありませんでした。私は相撲の聖地にある両国小学校出身。また祖父の相撲好きもあり、相撲が大好きで親方や関取方との親交があります。

ある時、『世間で「がんばらない」という言葉がよく使われているけれど、どう思いますか』と尋ねると、『がんばらなかったら、絶対に番付は上がりませんよ』と異口同音の答えでした。

人間は機械製品ではありませんから、常に同じ精神状態を保つことができなくて当たり前。心が弱っている人には「がんばれない時もあるよ」や「がんばり過ぎないで」と伝えています。

言葉には本意があります。だから「がんばらない」の文字面《もじづら》だけを鵜《う》のみにして「がんばらなくてもいいんだ」と安易に受け止めてしまわず、「がんばらないには、時と場合がある」ことを忘れてはなりません。

静《せい》以《い》修《しゅう》身《しん》

高さ十二m×幅七m×奥行七mの巨大な獅子頭《ししがしら》の口の中に、神殿が設けられた獅子殿という特徴的なお堂がある難波八阪神社《なんばやさかじんじゃ》をお参りしました。

夕刻でしたので境内はひっそり。おかげさまでゆっくりと諸堂参拝が出来ました。その時に「静修」という石碑に目がとまりました。

私の座右の銘が「静思《じょうし》」（国語読み・せいし）ですので、できるだけ「静」に関わる言葉を学んで来たつもりでしたが「静修」は知りませんでした。

とっさに「じょうしゅう」と仏教読みしましたが、調べてみると仏教語ではなく、諸葛亮孔明《しょかつりょうこうめい》の「静以修身」が元となった言葉のようで、正しい読みは「せいしゅう」でした。

「静思」が『思考』だとするならば、「静修」は『態度』と言えましょう。

気が付けば『自分勝手な価値観の振り回しとそれに伴う行動』に至ってしまう私たちには、いかに「静」を身につけることが大切であるかを、改めて神様からお諭しいただけた、意味深い参拝でした。

ひとりぼっち

法話の中で「孤立」や「孤独」という言葉を使います。中でもよく使うのが「ひとりぼっち」です。

人との交わりを避け、さまよう僧侶を指す「一人法師」（独り法師）が語源であり、平仮名で「ひとりぼっち」と書くようになったそうです。

最近よく耳にする言葉に「適応障害」があります。これには種々の要因がありますが、人間関係からくるものが多いようなので、一面では「人間関係障害」と言い換えてもよいと思っています。私はここから厭世観が強まり、学校に行けない、職場に行けない等の症状が現れると考えています。

「人は人に揉まれて磨かれる」と確信しています。これは多種多様な価値観が自分の視野を広くしてくれるからです。故に「ひとり」はとても大切ですが、決して「ひとりぼっち」になってはいけません。

私は一人の僧侶ですが、決して「一人法師」になってはならないと、「ひとりぼっち」が仏教由来の言葉であることを知ってから、特に気を付けています。

駟不及舌《しふきゅうぜつ》

「一度口にした言葉は、四頭立ての馬車でも追いつくことができない。故に言葉は重々に注意して使わなくてはいけない」と、師匠・高田好胤和上は説かれていました。

仏典では言葉に対する戒めが数多く説かれていますので、この戒めは師匠が仏典の言葉を独自の表現でわかりやすく伝えられているのだと思い込んでいました。

ある日、「駟」という一度も使ったことのない文字に出会い、その字体から「四頭立ての馬車」が頭に浮かびました。漢和字典で確認すると正にその通り。更に解説を読み進めると『論語・顔淵《がんえん》第十二』に「駟不及舌《しふきゅうぜつ》」（駟も舌には及ばず）という熟語があると記されていました。

師匠は仏典のみにこだわらず、『論語』の教えやその表現法をも活用して、仏さまの戒めを説かれていたことを知り得ました。

「わかりやすい言葉で、的確に人を導く」ために、「駟」の如く学んでおられた師匠には、永遠に追いつけないなぁと実感しています。

「知」と「智」

「知」と「智」はいったい何が違うのか。この二つの言葉を明確に理解しなくてはいけないと思ってから随分時間が経ちました。

この問題を解く糸口を与えてくれたのが、最近ビデオで見聞した薬師寺伽藍復興に従事された宮大工・西岡常一《にしおかつねかず》棟梁の言行でした。

西岡棟梁はミリ単位の精密な設計図を引き金堂復興に臨まれていたにも関わらず、隅木《すみき》という大きな材料を組む段に至って、5センチという大幅な変更を指示された。驚いた工人の質問に対する答えが「一〇〇〇年後に設計図通りになる」だったそうです。

このシーンを見て「知」は勉強や研究を重ねて身につけ「今」を見る。「智」は「知」を基に経験を蓄積して「未来」を見ることだと知りました。

「知」と「智」では、同じ事象に向き合っても見えるものが違う。物事への判断が「知」ばかりとなり、「知」で苦しむことが多々ある自分に、『知ではなく、智で判断しろ』『今だけではなく、未来を見通せ』と言い聞かせています。

無我

『お前は我が強いから、我を無くさなくてはダメだ』と、先輩僧侶に言われてから既に四十年以上の時が経過しました。

「仏教は無我にてそうろう」という言葉があるように、「無我」とは仏教の中心教説のひとつです。大学、大学院では「我とは何か」を中心に学びましたが、しっくりするような答えは得られませんでした。それでもあきらめずに「無我」と向き合って来ました。

ここ数年来、考えあぐねていたことにひとつの答えが出ました。それは「我」を「自分」と置き換え、更に「無」を「無くす」と全否定するのではなく、「〜だけでは無い」と部分否定で受け止めるということです。

そこから出て来た徹奘流「無我」の理解が、「自分だけでは無い」です。

このように理解すれば、自分を全否定することも、全肯定することもなくなり、師匠・高田好胤和上が提唱された「かたよらない心、こだわらない心、とらわれない心」という教えに近づけるのではないかと考えています。

忠言《ちゅうげん》耳に逆《さか》し

孔子さまの教説「良薬口に苦し」はご存知だと思います。この教えに引き続いて説かれているのが今回紹介する「忠言耳に逆し」です。実はつい最近までこの教えのことを全く知りませんでした。

私たちはそれぞれの価値観で生きています。また自分の価値観を育てることこそが「人生」であるとも言えます。しかし、自分の価値観を育て過ぎると、自分の価値観に合わない意見に対して無意識に敵対心を抱きます。それを「耳に逆し」と表現された孔子さまはさすがですね。

どんなに気に入らぬ言葉だとしても、自分とは異なる角度からの「新しい見方」と捉えれば、嫌な言葉も「忠言」と聴くことができるのではないのでしょうか。

年を重ねるほどに「忠言」を聞きにくくなるのが世の常。私などはその典型です。そんな自分を育ててしまった今だからこそ、「自分が全てではない」という柔軟な心を育てるために、この言葉が目前に出現してくれたのだと、心から感謝しています。

命《いのち》

「いのち」を一文字の漢字で書いて下さいと言われたら、一〇〇%に近い人が「命」と書くと思います。それでは「命」以外の一字を書いて下さいと言われたら、これまた一〇〇%に近い人が『わからない』と答えるのではないのでしょうか。

答えは「生」。多分一〇〇%に近い人が『へぇー。そうなんだ』と驚かれたと思います。「生」という漢字は「生む」「生きる」「生《は》やす」などの動詞のイメージが強いと思いますが、「いのち」という名詞でもあることは、生きることに迷いの多い私たちには重要なことです。

また「生」と「命」を重ねて「生命」と書き、「いのち」と読むことは知っていましたが、私などは「命を生かす」と受け止めており、同じ意味の言葉を重ねての強調語であるとは、考えたことすらありませんでした。

いずれにせよ「いのち」が根本です。だからこそ自分の「いのち」、他の人の「いのち」、生きとし生けるものの「いのち」を大切にしなければなりません。

正《せい》

私の実家は浄土宗寺院です。境内には墓地があり春秋のお彼岸は墓参される方が絶えません。墓地の詰所ではお線香が用意されており、参拝者はそれを買い求め供えられます。

幼稚園生の頃、詰所は関根三蔵さんというお爺さんが仕切っていて、お線香が売れるたびに記録を付けていました。その時に使っていたのが「正」の字。一画を一と数えて、正の字が完成すると五となるという仕組みです。

側で見ていた私は「早く五になれ、早く正になれ」と、最初は大人しく見ていましたが、そのうち自分が記録係になっていました。

そのような経験から私には「正=五」という思いがあります。そこから生まれて来たのが「正解は五つある」という徹奘流独特の考え方です。

何事も「自分が正解（正しい）」と信じて進めていかなくてはなりません。しかし、自分だけを絶対視すれば、自分で自分を苦しめてしまう時もあります。そうならぬよう徹奘流の考え方も取り入れてみてください。

印象

徹奘流では「印象」を説明する時に、「象の印」と逆さから読み、「象さんの足形ほどの大きさのハンコを相手の心に押すようなもの」として受け止めてほしいと話しています。

私は「法話は言葉を発する前から始まっている」と考えています。そう考えるようになったのは、多くの法話を聴聞させていただいてきて、講師がお堂に入ってこられる時の姿勢や、挨拶の所作を見た時に、講師に対する印象が生まれ、それによって話を聞く身構え方が変わっていることに気がついたからです。

自分で自分を見ることはできません。ですから相手にどんな印象を与えているかは、本当に確認しにくいものです。しかし、それがその後の展開の大きな岐路になるのですから、良い印象づくりのために、その時々に「どうでしたか」と第三者に尋ねることを欠かさないようにしています。

印象には凄い力が潜んでいます。それを「象さんのハンコを押す」と例えて、油断しない様に努めています。

第三章

私と言葉の軌跡一八六

小学校四年生、つまり十歳の子供さんがわかる言葉で、より良い生き方のヒントを伝えたい。これが一九九六年に初めて刊行した『日々のことば・みんな迷いがあるんです』です。おかげさまでシリーズは第七集になっています。

第一章で第七集の言葉を紹介しましたので、本章では『日々のことば』第一集から第六集において発表した一八六の言葉を一気に紹介します。

元来は拙い墨書で発表してきたのですが、今回は活字で紹介することで下手な字にとらわれることなく、言葉と直接向き合っていただこうと思います。

日々のことば Ⅰ (1)

平成7年12月1日刊

ひとつひとつ
一歩一歩

きっちりと
おわりまで
手をぬかず
心をかえず

なまけたら
なまけた
だけの自分
努力したら
努力した
だけの自分

よく聞いて
よく考えて
そして努力

なかなか
言えない
ありがとう
なかなか
わからぬ
おかげさま

失敗も
成功も
成長の
うち

自分で選んだ
道なのに
自分で迷う
ことばかり

顔も
さまざま
心も
さまざま

佛さまの前
そこでも
自分だけは
と祈ってる

もっともっと
すなおに
なろうよ

自分一人
何もできない
私です

命は大地
すごい力が
秘んでる

愚かな自分に
気付いても
これでいいやと
思ってる

みんな
迷いが
あるんです

まあいいや
もういいや
どうでもいいやで
今の自分

その瞬間
刹那刹那が
一生一度

すぐに
手ぬきを
する私

命は
可能性

いのちを運ぶで
運命
その運転手は
自分

まちがいに
気づいたら
直せばいい

『…たら』はない
今の自分が
自分のすべて

ここまでと
思ったら
そこまで

自分勝手な
理由と理屈
まだまだ
小さな枠の中

あきらめがいい
求め方が弱い
どっちだろう

自分が自分に
嘘をつき
自分が自分を
小さくしてる

弱いから
迷いが
あるから
一生懸命

またあとで
またあした
つもりつもって
今の自分

いまの為の今
未来の為の今
その両方が今

自分が育てて
来た自分
自分が育てて
行く自分

たたかれて
たたかれて
強くなる

すぐに答えの
出せない時も
ありますよ
あせらずに

日々のことば Ⅱ (2)

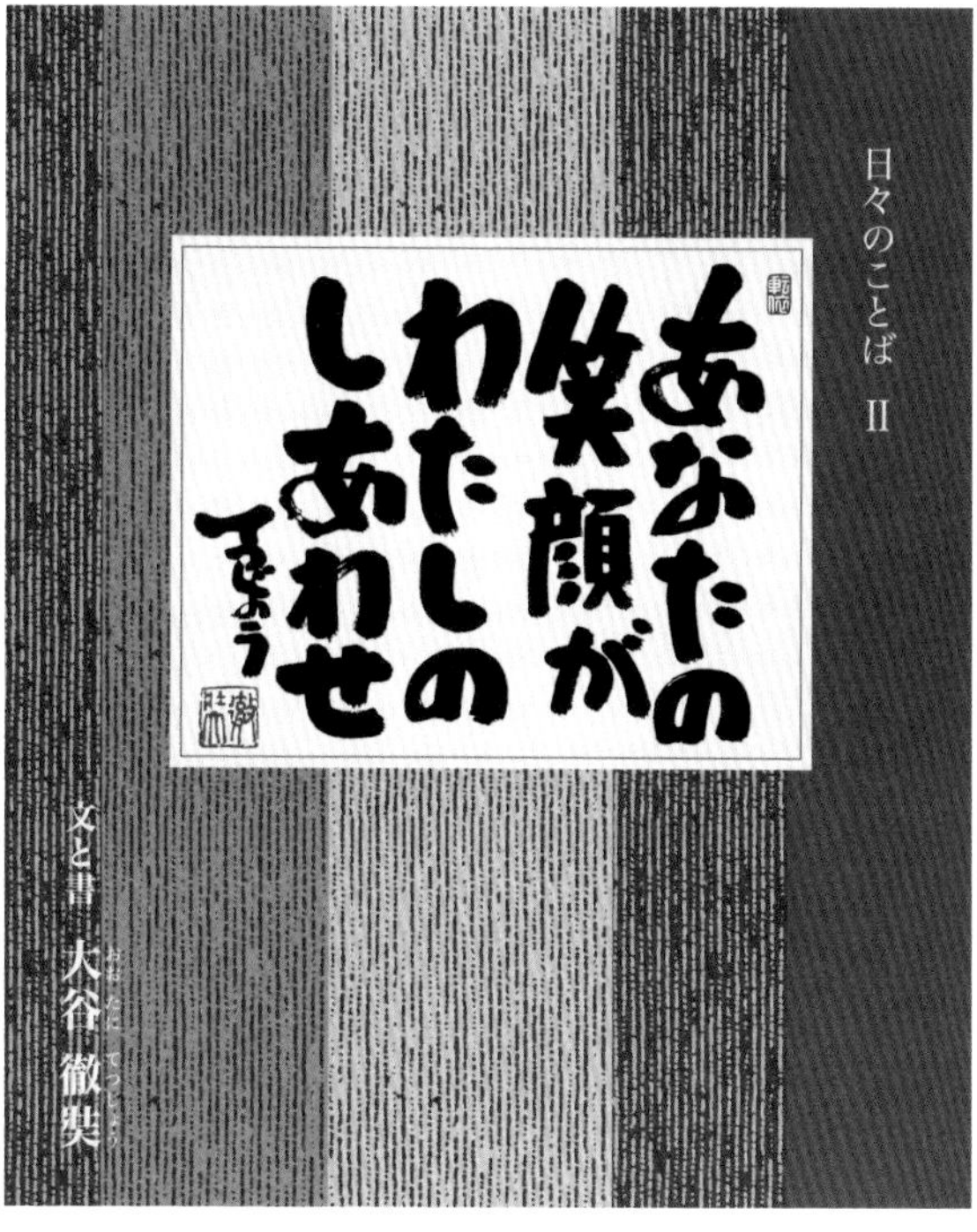
日々のことば Ⅱ
あなたの笑顔がわたしのしあわせ
てつじょう
文と書 大谷《おおたに》 徹奘《てつじょう》

平成7年12月1日刊

日々
決心

他人を
変える
自分が
変わる
どっちかな

自分
自分
自分
だよ

いいんですか
そんなに
あっさり
あきらめて

修《なお》しながら
行《すす》むから
修行という

どんな
自分
育てて
ますか

いかなる時にも
自分は思う
あせるな
今が一番
大事な時だ
あせるな

あなたの
笑顔が
わたしの
しあわせ

人間は一生
難しい年頃

堂堂と
生きる
自分に嘘は
つかぬこと

なりきる
やりきる
思いきる

大切なのは
こころの
向きだと
思います

何がほしいの
何がしたいの
何もしないで
何ができるの

こけたら
起きれば
いいんです

アッチ
じゃない
コッチの
心の問題だ

弱い自分に
出会った時が
強い自分に
なるチャンス

できるとき
できること
できるだけ

人生
一幕

逃げれば
こわさが
ましますよ

相手の
人にも
心あり

ほしいのは
自分に
負けない
心です

心の中で
自分ダケ
という
毒キノコを
育ててる

日々の
くりかえし
これに
飽きた
人が負け

すべて
自分が
蒔いた
たね

こころの鍵は
内側に
ついている
その鍵を
はずせるのは
こころの中の
自分だけ

自分から
ひとりに
ならないで

死んでから
どうなる
じゃなくて
生きているから
どうするか
です

いらぬ
ことは
言わぬ
がいい

その一言
待っている
人がいます

気にしても
苦にするな

自分が心に
決めたなら
自分で守り
続けなきゃ

日々のことば Ⅲ(3)

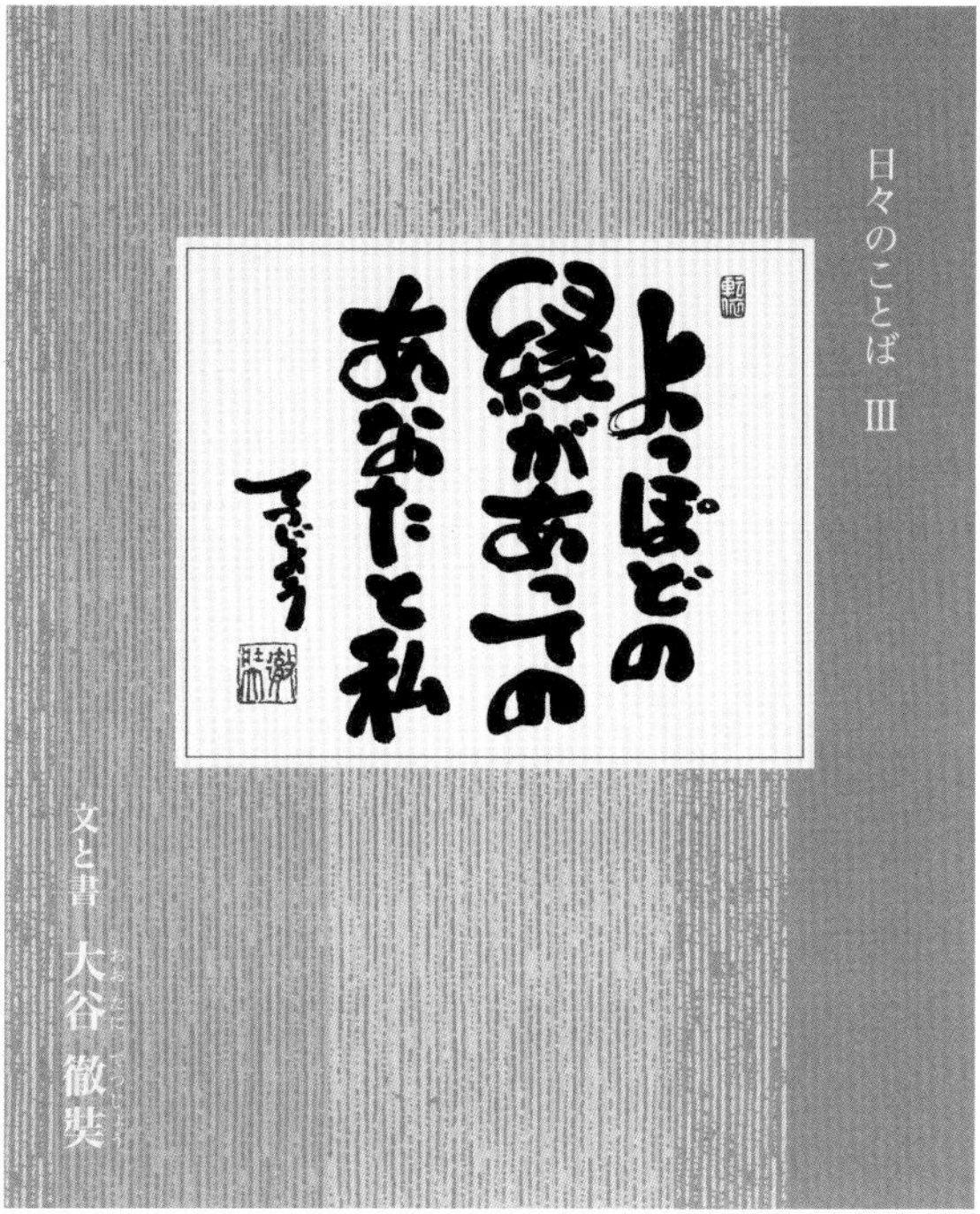
日々のことば Ⅲ
よっぽどの
縁があっての
あなたと私
てつじょう
文と書 大谷 徹奘

平成14年9月15日刊

いちずな心

少しずつ
少しずつ
あせらず
あきらめず

どんな
自分に
なりたいの

未来は
自分の
中にある

なんでも
持ってて
欲求不満
不思議だ
ねぇ

自分の命の
使用書は
自分で書くしか
ないんです

自分の
できる
ところ
から

よっぽどの
縁があっての
あなたと私

ウダウダ
努力しないで
ウダウダ
何がしたいんだ
お前は

あこがれを
そして夢を
自分から
捨てないで

みかえりが
すぐに
気になる
私です

いのちは
休まない

やめては
いけない
ことがある
逃げては
いけない
こともある

笑顔を
なくした
人が負け

眉間の
しわに
あなたの
こころ

続かない
続けない
どっちかな

人生
とは
顔づくり

努力してるか
してないか
自分が一番
知っている

運じゃない
縁ですよ

自分と
はなし
してますか

理屈言ってる
時だけは
賢い人に
なるんです

ないものねだり
してないで
もっと
自分を味わおう

迷う時
学び時

しあわせは
自分一人の
ものでない

瞬間的な
決心なら
誰にも
負けません

オイお前
本当に
いいのか
今の自分で

文句
言うのは
上手だ
ねぇ

文句言われりゃ
腹もたつけど
文句言われる
理由《ワケ》もあるはず

迷ってばかりで
今日もおわり
あー
もったいない
あー
もったいない

不平と
不満からは
幸せの芽は
はえない

自分の歩み
止めた処が
行きどまり

日々のことば IV(4)

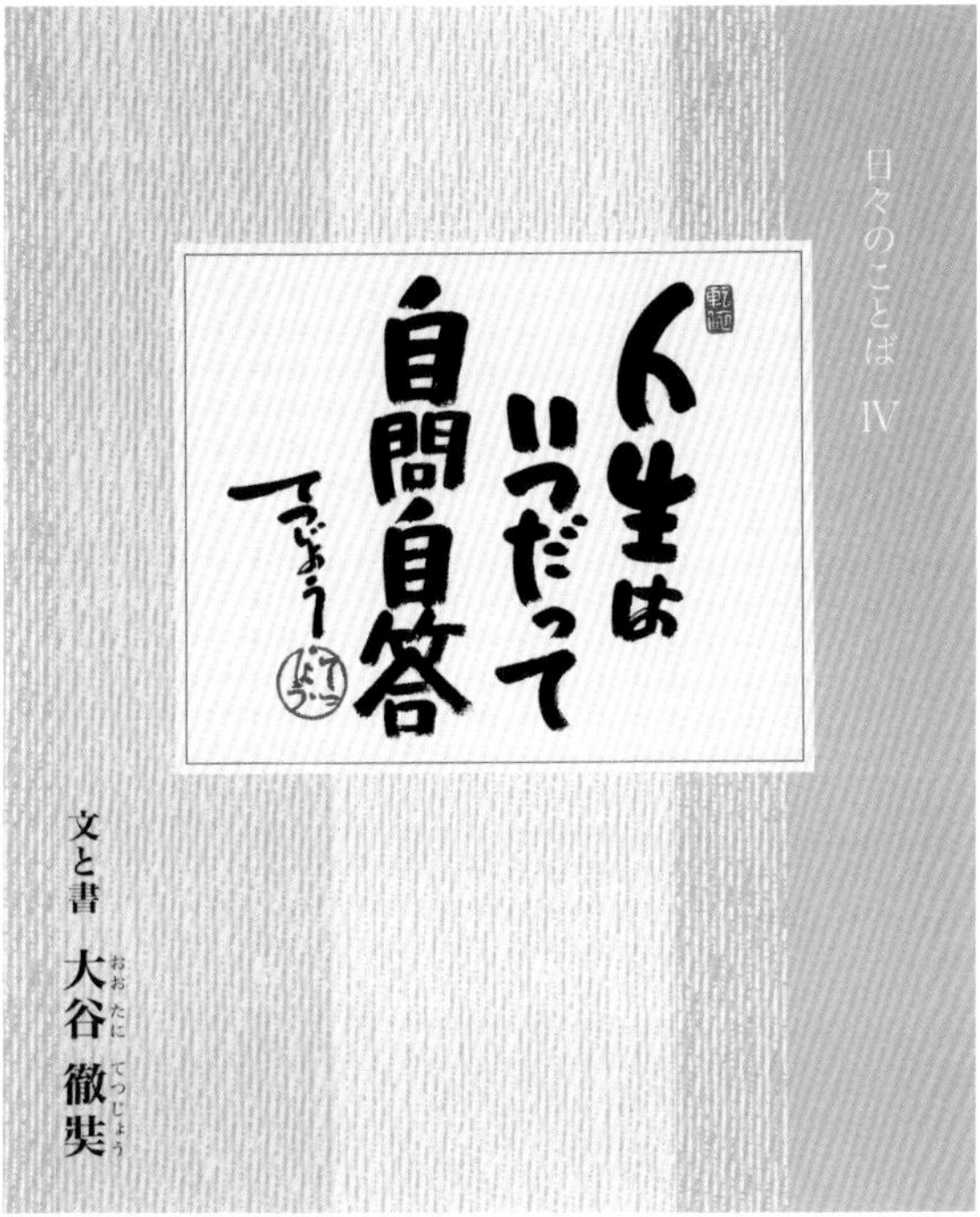

平成18年6月22日刊

あいさつは
出会いを
よろこび
自分から

あなたの
夢は
なんですか

嫌な言葉を
ありがとう
嫌な事こそ
一歩前

四つの直《生き方》
素直《なお》
正直《じき》
実直《ちょく》
真直《すぐ》

人生は
いつだって
自問自答

野球なら
カーブも
フォークも
いいけれど
人と人とは
ストレート

欲しい
欲しい
欲しい
何でも
欲しい
私です

自分が
我慢して
修行してると
思ってた
だけど
我慢していたのは
佛さまだった

笑顔
菩薩

よく見てごらん
よくよく見てごらん
あなたの周りには
天使と宝物が
いっぱいだよ

生き方は
前向き
こころは
夢向き

からだは
大切
こころが
大事
どちらも
重要

幸せへの
パスポート
それは
笑顔

説明できる
努力なら
みんな
やってる

いのちって
なんだろう
生きるって
なんだろう
オレって
なんだろう

自分
一筋

限度
程度
節度
誰が
決めるの

縁は
生きもの
育てるもの

とことん
どうせ
だったら
とことん

そんな
見方しなくても
いいじゃないか
そんな
言い方しなくても
いいじゃないか

他人の
言葉で
自分が
迷う
弱い
私です

「やがて」の
ために
「たえず」

「酔って
ませんよ」と
「努力
してます」は
信用できない

こころの
姿勢が
あなたの
姿勢

こころが
萎《な》えた
人が負け

逆上《のぼせ》
自分から
偉く
ならないで

『批判は
すまい』と
不満の
言葉を
くりかえす

あなただけが
選んだ道でなく
道もあなたを
選んだのです

すぐに
捨てられる
ものを
夢とは
言わない

さあ
思い切って
言ってごらん
〝ありがとう〟

私の願い事
世界
平和

日々のことば　V
(5)

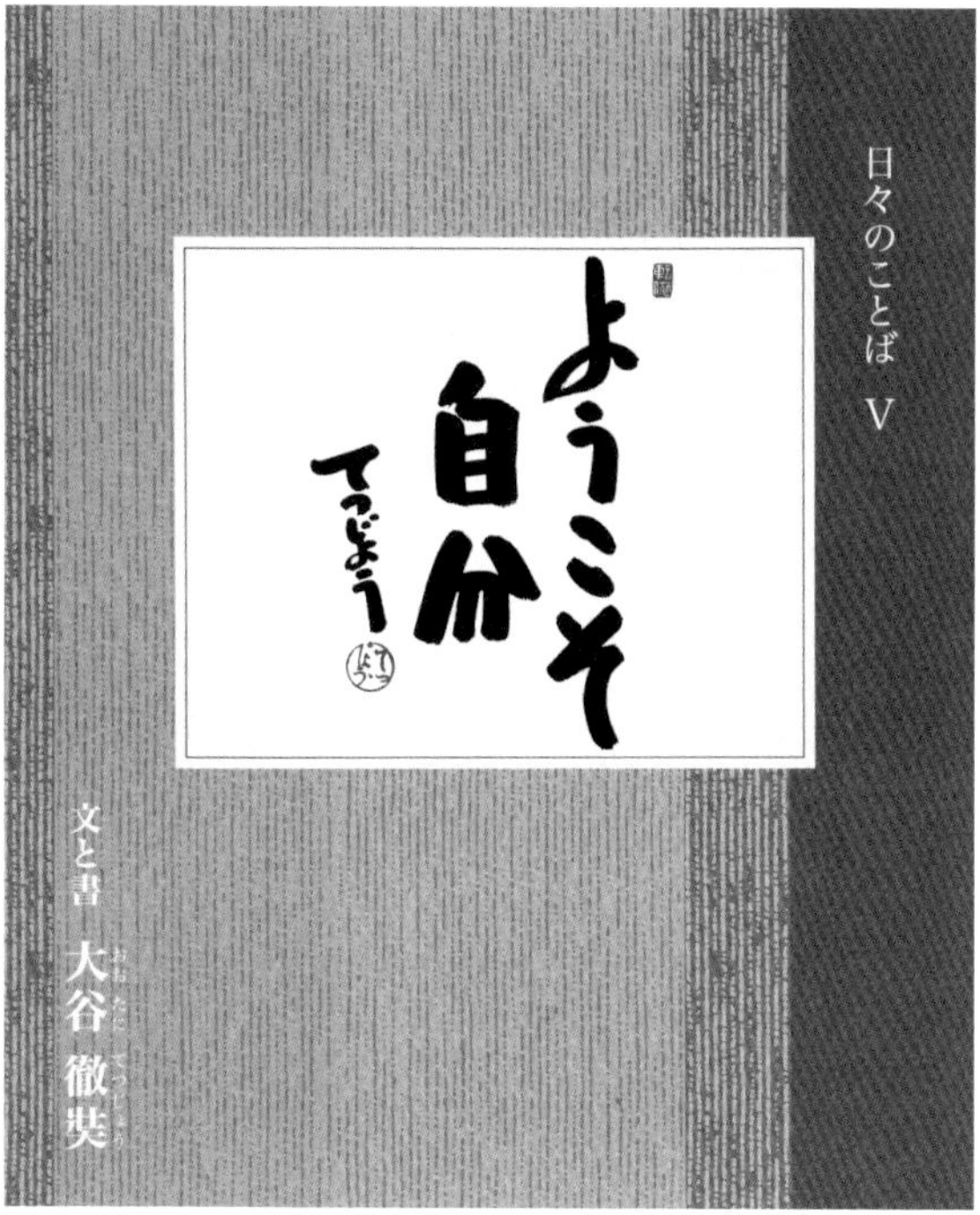

平成20年12月1日刊

人生には
一人では
出せない
音がある

欲は
深くなると
毒になる

心の中に
波の立たない
人はいない

物やお金
だけでは
こころは
満たせない

独断即決
だけが
答えの出し方
じゃない

我他彼此《ガタピシ》
我他彼此
比較も
いいけど
程々に

今の極楽《あまい》が
後の地獄《にがい》に
なりません
ように

静思《じょうし》
よく見ろ
よく聞け
よく考えろ

自分から
曝《さら》け
だせれば
新しい自分

覚悟が
ないから
迷うんだ

夢
いっぱい
不安
いっぱい

自分でも
気づかぬ
ところに
下心

ようこそ
自分

満点の幸せを
持っている人は
どこにもいない

自分を
絶対だと
思った時に
苦しみが
生まれる

世間体よりも
大切なものが
あるんですよ

は　反対
ひ　批判
ふ　不満
へ　偏見
ほ　保身

お願いです
無視だけは
しないで下さい

「黙っていても
わかってほしい」
何考えてんだ
お前は

『努力しないで
思いどおりに』
それが私の
まちがいでした

ない自分は
出てこない
ある自分を
出せばいい

弱いから
見栄を
はったり
あせったり

見ている
＝《イコール》
見られてる

好きか嫌いか
迷ったら
尊敬できるか
できないか

私の人生
たてぶれ
よこぶれ
ぶれぶれ

うぬぼれて
うそついて
うらぎった

まっしぐら

孤立への呪文
「うるさいなぁ」
「ほっといて」
「面倒くせぇ」

気負って
背負って
嘘ついた

ここで
逃げれば
次も
逃げるぞ

いのちは
生涯無休

日々のことば Ⅵ (6)

日々のことば Ⅵ

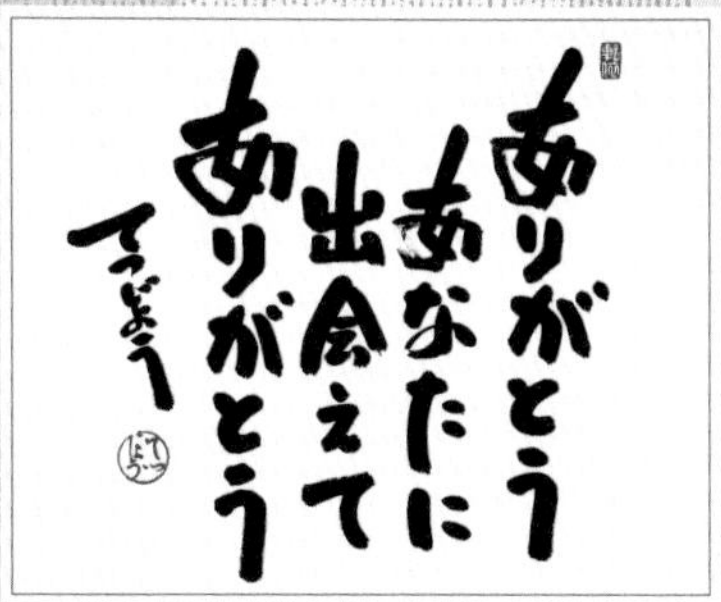
ありがとう
あなたに
出会えて
ありがとう
てつじょう

文と書 大谷《おおたに》 徹奘《てつじょう》

平成29年3月5日刊

調和は
聴話から

クレームを
素直に
聞けば
自分を
強くする

昨日夢で
あなたに
会えました
今日は本当の
あなたに
会いたい

もう
やめようよ
良い人演じる
仮面の自分

日々の
くり返し
これを
楽しむ
人となれ

限りある
命《とき》を
無駄に
使うな

言葉を
荒げれば
敵が増える

ありがとう
あなたに
出会えて
ありがとう

受けとめる
心が決める
幸・不幸

比較して
嫉妬するな
比較して
不足を知れ

夢から目を
そらしては
いけない

答えを出せない
自分に
答えを求めても
答えは出ない
だから人は学ぶのです

あなたは
わたしの
永遠の
あこがれ

観自在
自分との対話

好きなのは
熱心な人
憧れるのは
丁寧な人

今逃げれば
過去に逃げた
自分をつくる
ことになる

相手の話を
聞かない人は
孤立をする

欲を
減らせば
争いは
減る

覚悟のない
道は
行き止まる

成功のカギは
「予」がつく言葉
予習・予測
予想・予備
予定・・・・・

何を
そんなに
あせっているの

蛇行でも
いいから
前へ前へ

あまりにも
あきらめが
早いので
びっくり

大切なのは
あなたの
やる気

やり直しに
ためらいは
いらない

学ばない
人は
成長が
止まる

笑顔で
ありがとう
これが
最高

自分が大切だと
信じるものを
自分が大切に大切に
育て続ける
それがすべてだと
私は思う

○夢を追う
△夢を見る
×夢見すぎ

自業自得
すべては
自分に
跳ね返る

〃運が悪い〃は
逃げ口上

第四章

薬師寺諸仏のお導き

修行が思うように進まなかった頃、仏さまと向き合うたびに『あなたさえ居なければ、私はこんなに苦しまなかったのに』と、眉間が痛くなるほどに仏さまを睨んだことを憶えています。仏さまはどんなに悪態をついても、黙って私を見つめておられました。仏さまは恒《つね》に静かなお方です。いつの間にか私の方が根負けしていました。

今では「いつでも仏さまが見守ってくださっている」と感謝しています。辛さ、苦しさ、悲しさに向き合わなくてはならない時も、『仏さまが学びなさい』と仰っていると断言できるまでにしていただきました。

合掌

そんな私を育ててくださった薬師寺諸仏の教えを、お姿の写真と共に紹介します。

【薬師寺・ご本尊 薬師如来のお導き「心の健康法」】

薬師寺のご本尊・薬師如来の別名は医王《いおう》如来。文字通り「薬」と「医」を司《つかさ》り、身体だけでなく心の健康もお守りくださる仏さまです。白鳳《はくほう》時代から一三〇〇年の長きに渡り、多くの信仰を集め、親しみを込めて「お薬師さま」と呼ばれています。

お薬師さまのご真言は『おん ころころ せんだり まとうぎ そわか』です。これを師匠・高田好胤和上は『おん にこにこ はらたて（腹立て）まいぞ そわか』と言い換え、ご真言に秘められているお薬師さまの教えを、誰もが理解できるようにお話なさいました。

以来、腹が立ちそうになった時には「笑顔は幸せの種　腹立ちは不幸の種」と自分に言い聞かせ戒《いまし》めています。おかげさまで最近は「ずいぶん温厚になったね」と言われるようになりました。間違いなくお薬師さまのお導きによるものだと、深く感謝しています。

「笑顔を忘れない」と「腹を立てない」。これがお薬師さまから授けていただいた「心の健康法」です。

合掌

薬師瑠璃光如来像（国宝）
白鳳時代　金堂安置

【弥勒《みろく》如来のお導き「次世代につなぐ人を育てよ」】

弥勒さまは、弥勒菩薩（修行中のお姿）として多くはお祀《まつ》りされていますが、薬師寺（大講堂）では弥勒如来（修行を完成されたお姿）としてお祀りしています。更に未来仏《みらいぶつ》とも呼ばれ、私は次の世代を司る仏さまとして崇めています。

仏教は二五〇〇年間にわたり、人から人へと受け継がれてきました。薬師寺だけをとって見ても一三〇〇年を越えて相伝されています。

今、日本の仏教界は七万七〇〇〇ある寺院数に対して、僧侶の数はその半数にも満たないという、大変な危機に直面しています。どんなに素晴らしい教えも、次の世代へ伝えられなければ埋没してしまいます。

ＡＩによって知識の多くはカバーできるでしょう。しかし、仏さまから授けていただいく智慧《ちえ》（本当に大切なこと）は、人から人へでなくては相伝することができないと、私は考えています。

未来を司る弥勒さまを拝する度に、人こそが未来であることを、「次世代につなぐ人を育てよ」という言葉でお諭しくださいます。

合掌

弥勒如来像（重要文化財）
奈良時代　大講堂安置

【阿弥陀如来のお導き「ひたすらに信じる」】

薬師寺食堂のご本尊『阿弥陀三尊浄土図』は、平成二十九年に田渕俊夫画伯によって奉納されました。六m×六mの大きな絵像の中央には、威風堂々と阿弥陀さまが鎮座なされています。この阿弥陀さまの前に立つ度に、阿弥陀さまの信仰に生きた父の姿が甦ります。

父は東京大空襲によって孤児になりました。苦学の末、浄土宗重願寺《じゅうがんじ》の住職を勤めながら、大学では教鞭をとり、その生涯を通じて阿弥陀さまの教えに専心していました。

残念なことに教授職の定年を迎えようとする頃に体調を崩し、会話をすることがほとんどできなくなっていました。

その父がお念仏をお唱えする時にだけ、張りのある声で「南無阿弥陀仏」と繰り返すのです。その姿に「これこそが本当の信仰だ」と実感しました。

父は七十一歳で往生、今は阿弥陀さまから直々に教えを受けていることでしょう。阿弥陀さまが説かれる「ひたすらに信じる」という教えを、父の姿を通し受け取らせていただきました。

合掌

阿弥陀三尊浄土図（田渕俊夫筆）
平成29年　食堂《じきどう》安置

【聖観世音菩薩《しょうかんぜのんぼさつ》のお導き「自分で選んだ道」】

薬師寺東院堂のご本尊 聖観世音菩薩は、凛々《りり》しいお顔立ちはもとより、その美しいお姿から「理想の男性像」とも称されています。私は十七才の時に、この聖観音さまの宝前《ほうぜん》で授戒《じゅかい》、仏弟子《ぶつでし》になりました。親元を離れて始めた修行生活には多くの規則があり、気づけば不平と不満を漏らすだけではなく、いつの間にか辞める（正確には逃げる）ことを考えるようになっていました。

逃げ出す根性もなく、ただ悶々《もんもん》と過ごしていたある日、聖観音さまのお顔を見つめながら、「辛い、苦しい、辞めたい、逃げたい」と吐露しました。すると聖観音さまの「自分で選んだ道ではなかったのか」という声が聴こえてきました。

すっかり忘れていました。それを聖観音さまが再確認させてくださったのです。今ではどんな辛いことに直面しても「自分の選んだ道なんだぞ」と、自分に言い聞かせられます。

そうなれたのは、間違いなく聖観音さまの一言があってのことだと、心より感謝しています。

合掌

聖観世音菩薩像（国宝）
白鳳時代　東院堂安置

【不動明王のお導き「不動心」】

ご存知の方は少ないでしょうが、大講堂再建のために解体された旧講堂には、お不動さま（現在は秘仏）が祀られていました。私はそのお不動さまの宝前で三十一歳の時に護摩修行を勤めました。

行中日記を読み返すと、日々自分の心が大きく波立っていたことがわかります。心の底にこびり付いている楽に走る心が、お行を辛いものにしていました。恥ずかしげもなく修行だけでなく、自分の存在にまで抗《あらが》っていました。その揺れる心を鎮めて下さったのがお不動さまです。

「お不動さまの怖い顔を真似、自分の弱さと対峙した。『ガタガタするな』と喝を入れた。するとあきらめの心が出て、心の波立ちが緩やかになってきた。今日は集中してお行が勤められた」と行中日記に書いてありました。

お不動さまを信仰なされる方は多くあります。それは誰しもが揺れる心を持っているという証です。鼓動に波があるように心にも波が立つ。だからこそ「不動心」に憧れを持って祈り願うのです。

合掌

不動明王像　鎌倉時代（秘仏）

【お釈迦《しゃか》さまのお導き「理想の臨終」】

薬師寺には江戸時代後期に描かれた、大きな釈迦涅槃図《しゃかねはんず》が伝えられています。

釈迦涅槃図とは、お釈迦さまがお亡くなりになられる、つまり臨終の場面を絵に表したものです。中央に横たわるお釈迦さま。周りにはお釈迦さまを慕う天人、羅漢、人民、さらには動物、昆虫も。

特に圧巻なのは、臨終の場となった沙羅双樹の樹々までもが、時ならぬ花を咲かせ、お釈迦さまの死を悲しんでいます。

私は釈迦涅槃図を拝すたびに「お釈迦さまの臨終は素晴らしいなぁ。こんなにたくさんの人（いのち）に囲まれて、最後の時を迎えられて」と、憧れを覚えます。

人の生き様を見続け、いつの間にか「臨終は人生の集大成」と考えるようになりました。そんな私にとってお釈迦さまの臨終は最上級なものであり、理想です。

自らの臨終の時を思い巡らし「お釈迦さまの様でありたい」と願うたびに、お釈迦さまの御心《みこころ》や生き方を、常に実践しなくてはならないと、自分に言い聞かせています。

合掌

釈迦涅槃曼荼羅図　江戸時代（涅槃会のみ公開）

【日光菩薩・月光菩薩のお導き「昼夜を問わぬ寄り添い」】

薬師寺のご本尊・薬師如来の両脇には日光菩薩、月光菩薩が、たおやかなお姿でお立ちになっています。日光菩薩は太陽の光の象徴、月光菩薩は月の光の象徴です。お薬師さまを医師だとするならば、日光菩薩は日勤の看護師。月光菩薩は夜勤の看護師と言えます。

以前、入院した時に、ことごとに看護師さんにお世話になりました。お医者さんから治療を受ける以上に、その献身的な言葉や行動から、温もりや優しさを感じ得て、心を落ちつかせることができたことは、未だに忘れられません。

私たちの病気、怪我、苦しみ、悲しみ、悩みはいつ起こるかわかりません。そんな私たちに対して「いつでも大丈夫。すぐにあなたに寄り添えますよ」と、慈しみ深く見つめ、お守りくださっているのが日光菩薩と月光菩薩です。

日光菩薩・月光菩薩が一組となり昼夜を問わず、寄り添ってくださっているお姿を拝するだけで、心に安らぎを覚えるのは、決して私だけではないと思います。

合掌

月光菩薩

日光・月光菩薩像（国宝）
白鳳時代　金堂安置

日光菩薩

【吉祥天女のお導き「願いの次は精進あるのみ」】

天平時代から一二〇〇年を越えて守り伝えられて来た国宝・吉祥天女像。そのお姿を拝せられるのは正月三が日のみです。年頭に吉祥天女を参拝するという習慣が「初詣」のルーツになったと言われます。（諸説あり）

吉祥天女は右の手の平に赤い珠を載せていらっしゃいます。これが有名な「如意宝珠」。この珠に新たな年に成し遂げたいことを念じるのです。吉祥天女には「開運招福」をはじめ種々のご功徳がありますが、その中でも私が年々に願うのは「技芸守護」にちなんだ法話の上達です。

師匠・高田好胤和上の法話に憧れ、薬師寺にお世話になり四十年が過ぎました。しかし、未だ足元にも及びません。少しでも近づきたいと熱望しています。さらにはコロナ禍により法話の形態が変化していますので、時代に即した法話の上達をも祈願します。

吉祥天女に誓いを立てたならば精進を重ねるのみです。　合掌

吉祥天女画像（国宝）
天平時代（正月三が日のみ開扉）

おわりに

私の人生観は「一度だけの人生、誰も代わってくれない人生」です。その人生をどう生きるのか。そのための自問自答を繰り返してきました。そこから生まれてきたのが、本書のタイトルとなった『人生はいつだって自問自答』です。

小説家・夢枕獏《ゆめまくらばく》さんとお会いし、「玄奘三蔵」を主人公とした小説を書くための準備を重ねられているとお聞きした時の対話です。

大谷　「玄奘三蔵」をどのようなお方と捉えておられますか

夢枕さん　世の中には「まじめな人」はいますよね。

大谷　はい

夢枕さん　世の中には「大まじめな人」もいますよね。

大谷　はい

夢枕さん　その「大」と「まじめ」の間に「バカ」が入る。
つまり「大バカまじめ」なお方。それが「玄奘三蔵」です。

大谷　（心の中で）「大バカまじめ」って良い響きだなぁ。
格好いいなぁ。

この対話によって、時折ズレが生じていた自問の焦点がはっきりと定まり、おかげさまで自答にも迷いが無くなりました。

自問　大バカまじめな生き方してますか

自答　はい。与えられた命と掲げた目標に対して、後悔しない様に、一度だけの人生、誰も代わってくれない人生を、生きていきます。

合　掌

大谷徹奘（おおたに・てつじょう） 薬師寺執事長

一九六三年（昭和三十八年）、東京都江東区生まれ。実家は同区の重願寺（浄土宗）。芝学園高校在学中に薬師寺の高田好胤和上からの誘いを受け、十七歳で薬師寺入寺。龍谷大学大学院修士課程修了。一九九九年から「心を耕そう」をスローガンに全国各地で法話行脚を開始。二〇〇三年、執事、二〇一九年、執事長に就任。奈良少年院・大阪矯正管区篤志面接委員も務める。著書に『よっぽどの縁ですね 迷いが晴れる心の授業』（小学館）など。

人生はいつだって自問自答

令和５年（2023）３月６日　初版第１刷発行

著者　大谷徹奘
発行人　大澤竜二
発行所　株式会社 小学館
〒101-8001 東京都千代田区一ツ橋２－３－１
（編集）☎ 03-3230-5901（販売）03-5281-3555
印刷所　図書印刷株式会社
製本所　株式会社若林製本工場
デザイン　宮坂 淳（snowfall）
編集　今井康裕（小学館）

造本には十分注意しておりますが、印刷、製本など製造上の不備がございましたら「制作局コールセンター」（フリーダイヤル 0120-336-340）にご連絡ください。（電話受付は、土・日・祝休日を除く 9:30 ～ 17:30）

　ISBN 978-4-09-389105-9